尼罗河往事

[英]J.艾米·博思韦尔-高斯 著　齐建晓 译

古埃及文明4000年

全景插图版

中国画报出版社·北京

图书在版编目（CIP）数据

尼罗河往事：古埃及文明4000年 /（英）J.艾米·博思韦尔-高斯著；齐建晓译. -- 北京：中国画报出版社，2024.8
ISBN 978-7-5146-2356-7

Ⅰ. ①尼… Ⅱ. ①J… ②齐… Ⅲ. ①文化史—埃及—古代 Ⅳ. ①K411.203

中国国家版本馆CIP数据核字(2024)第022150号

尼罗河往事：古埃及文明4000年
[英] J.艾米·博思韦尔-高斯 著　齐建晓 译

出 版 人：方允仲
责任编辑：程新蕾
责任印制：焦　洋

出版发行：中国画报出版社
地　　址：中国北京市海淀区车公庄西路33号　邮编：100048
发 行 部：010-88417418　010-68414683（传真）
总编室兼传真：010-88417359　版权部：010-88417359

开　　本：32开（880mm×1230mm）
印　　张：8.5
字　　数：218千字
版　　次：2024年8月第1版　2024年8月第1次印刷
印　　刷：三河市金兆印刷装订有限公司
书　　号：ISBN 978-7-5146-2356-7
定　　价：68.00元

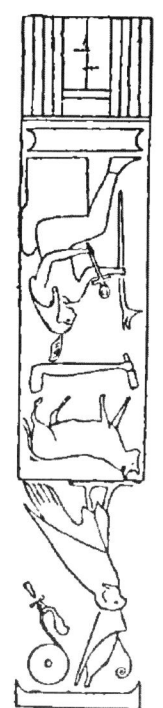

作者另著有《圣殿骑士团》《金字塔的魔力和狮身人面像的奥秘》等作品。

根据T.C & E.C.杰克出版社所出英语版译出。

> 历史将不再是一本枯燥的书……你让我感受到你生活的年代。
>
> ——爱默生

> 考古学家已经获准进入魔法王国,还可以自由进入"纪念之城"。
>
> ——巴蒂斯库姆·冈恩

年轻的拉美西斯

目　录

第1章　埃及人的性格和家庭生活

001

第2章　教　育

023

第3章　行业与职业

039

第4章　娱　乐

081

第5章　建筑——金字塔和神庙

111

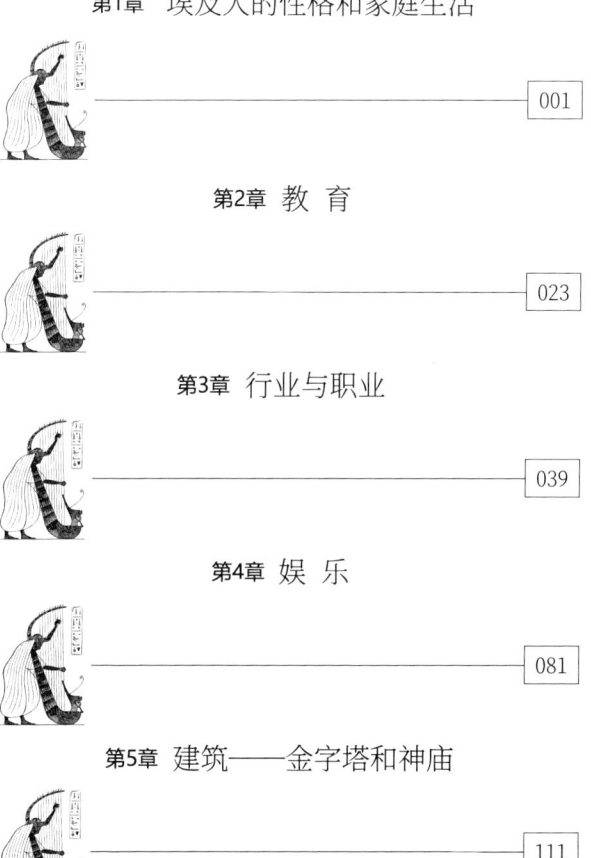

第6章　雕塑与绘画　141

第7章　科学——工程技术　155

第8章　医　学　179

第9章　科学——天文学　187

第10章　政府与法律　199

第11章　宗　教　211

第12章　文　学　243

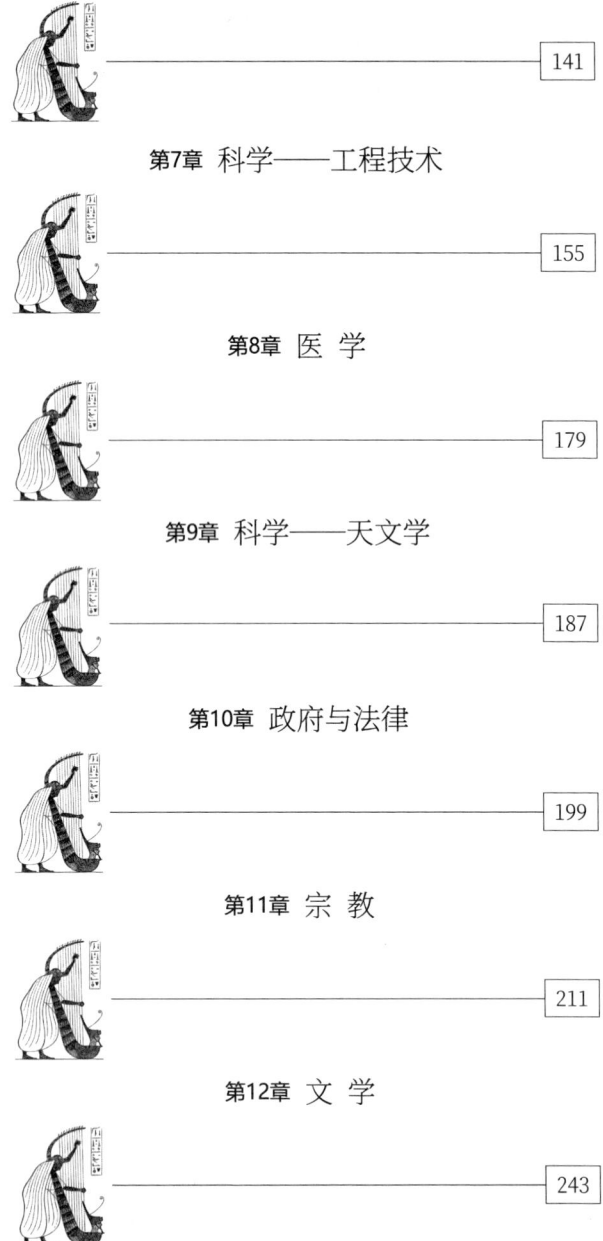

第1章

埃及人的性格和家庭生活

Their Temperament and Domestic Life

"啊，埃及，埃及！只有寓言才能书写你的未来。对后人而言，你是如此不可思议，幸亏石刻纪念碑上的文字得以留存。"

后人逐渐认识到这些石刻纪念碑的价值，也发现了碑文上的寓言有很大的启发性。事实上，这些寓言往往体现着真理的本质，历史[①]只是记录了表象。

充满同情的理解是消除怀疑的良药[②]，能够帮助我们解读石碑上的文字。

世界上的大部分文明，尤其是西方文明[③]，其最显著的特征是转瞬即逝。一个国家从原始状态到声名鹊起，再到迅速壮大，继而进入鼎盛，最终走向衰落，几百年走完了全部历程。迦太基（Carthage）文明、希腊（Greece）文明和罗马（Rome）文明"曾如日中天，最后都成了过眼烟云"。没有什么一成不变，没有什么永垂不朽，相反，埃及文明最突出的特征是其永恒性[④]。埃及文明并非仅存在几百年，而是延续了数

[①] 即后人所著的历史。——译者注
[②] 原文为"A sympathetic understanding is the antidote to incredulity"，直译为"充满同情的理解是消除怀疑的良药"。言外之意是，如果我们真的理解埃及文明，就不会怀疑。——译者注
[③] 中华文明不包含在内。——译者注
[④] 作者认为，世界上的大部分文明转瞬即逝，而极少数文明，例如埃及文明，具有永恒性。事实也是如此，虽然古埃及历史王朝已经消失在历史的长河里，但其文明影响至今，比如建筑、数学等。——译者注

千年。其他国家的文明演变从萌芽阶段开始，历经初始、成熟、衰落，直至消亡，但埃及文明似乎没有初始阶段，出现即成熟。埃及文明有小的周期性起伏，但文明的源头仍未发现。埃及文明从未穿过"岁月的拱廊"(arches of the years)坠入时间的黑夜里。

无论时间多么久远，埃及文明总归有个源头，这个疑问有两个待选项：辉煌的埃及文明是从本土原始文明演化而来？还是远古时期从其他地区移植而来？

埃及人的传说给出了一个答案：在数万年前的尼罗河谷(Nile Valley)，神王①(Divine Kings)统治着埃及人，教他们艺术和科学。

但这一答案又引出另外两个问题：当时的埃及人是现代埃及人祖先吗？神王和当时的埃及人是同一种族吗？

通过全面、细致地研究并总结各方的观点，我们得出以下结论：前王朝时期②(predynastic)有两个种族，一个种族身材矮小，属于黑人人种；另一个种族来自西方，身材高大，体形健美，鹰钩鼻子，属于利比亚人(Libyan)。王朝时期还有一个种族，来自尼罗河上游，体格特征和上述第二个种族

---

① 传说中的古埃及法老，与中国上古时期的尧、舜、禹类似。——译者注
② 前王朝时期尤指公元前3100年王朝统治以前的时期。——译者注

十分相似。

关于种族的三个观点与埃及人自己的说法一致。

古埃及语和闪米特语 (Semitic) 关系密切，但这与古埃及人种起源的科学事实并不相悖，反而进一步证实了此前的说法。因为古埃及人和闪米特人都起源于北非——古埃及西部。前王朝时期，一部分人迁徙到阿拉伯半岛 (Arabia)，并逐渐发展形成了闪米特人种，而留在非洲的另一部分人则形成了不同的种族，古埃及人成为其中举足轻重、独具特色的一个群体。他们从西部迁徙到尼罗河谷，创造了史无前例的灿烂文明。

石碑和墓室上刻有古埃及人的相貌和体征，可供后人参考。史书中还详细记载了他们的个人生活、风俗习惯和性格特征。其中的一位男性贵族，身形颀长，仪态高贵；肩膀宽阔，肌肉发达，臀部紧实，四肢匀称；脸型方正，鼻梁挺直如鹰钩，眼睛又大又黑，头发卷曲，牙齿细密、洁白、整齐；整个面部表情迷人又亲切，还略显骄傲。另一位是一个农夫，虽然身形不太高大，但有古埃及人典型的面部特征，有着宽阔的肩膀和紧实的臀部。

古埃及人无忧无虑，生活简单，超然物外，有着孩子般的天真烂漫。他们机智幽默，用欢笑调剂生活。他们勤勤恳恳，生性乐观，即使贫穷和辛劳也无法阻止他们那颗快乐的心。

更值得一提的是，他们待人友善，彬彬有礼，滴水之恩当涌泉相报。古人曾感叹道："所有埃及人都把别人的恩惠铭记在心，认为生活最大的魅力在于以适当的方式报恩。"

他们发自内心地热爱世间的美好事物。音乐和舞蹈的节拍、完美的形状、幽幽的香味、明亮而和谐的色彩，这一切都激发了他们的想象力，也给他们的生活增添了魅力。

古埃及华丽的仪式，结合并利用了所有形式的美，将艺术之美展现得淋漓尽致；同时，古埃及的仪式也是一种独特而又强烈的艺术形式，从未被超越。

希罗多德[①]曾热情洋溢地赞叹道："没有哪个国家有如此众多的奇迹，没有哪个国家有如此妙不可言的作品。在多数礼仪和习俗方面，埃及人也完全颠覆了人们的普遍做法。"这句话后半部分暗示着古埃及女性的地位，她们享有同男性一样的权利。

古埃及的习俗同古希腊的习俗大相径庭，古埃及是与

---

① 希罗多德（Herodotus，约前480年—前425年），古希腊作家、历史学家，他把旅行中的所闻所见及波斯帝国的历史记录下来，著成《历史》一书，成为西方文学史上第一部完整流传下来的散文作品，他因此被尊称为"历史之父"。——译者注

世隔绝的东方世界。实际上，古希腊人对古埃及女性享有的特权大为惊讶，他们甚至认为女性在古埃及的地位是至高无上的，男性会在婚礼上承诺顺从妻子。一夫一妻是当时的习俗。上自王公贵族，下至黎民百姓，女性和她们的丈夫平等地分担责任。王后和法老的名字会同时出现在敕令中。法老死后，王后就是唯一的统治者。古埃及历史上不乏著名的女王，血统可以由母系来延续。女性拥有土地上的财产，还可以继承财产。埃及的土地也不例外，它也是王室

图1 古埃及人手挽手，并坐在家中的双人椅上，两人都戴着假发，身着精心缝制的亚麻长袍（制作于前1587年—前1328年）

女儿①(Royal Daughter)的财产,一旦某个人娶了公主,他就可以成为法老,拥有整个王国。

与现代观念不同,当时王室兄妹通婚是常态,他们认为这是最完美的联姻。不得不承认,这种婚姻在当时是普遍的习俗,在拥有世袭土地财产的地方更是如此。在文学作品和爱情歌曲中,"兄妹"与"爱人"或"夫妻"意义相同。

此外,古埃及人天性深情,忠贞不渝,他们的家庭生活似乎一直格外和谐。在外边,妻子陪丈夫钓鱼、狩猎。在家中,他们手挽手,并坐在当时一种常见的"双人椅"上(图1)。孩子们围坐在脚边,家里的老幺坐在母亲膝上,老大坐在父亲身旁,和睦幸福,多么美好的画面啊!无论是他们称呼彼此时用的爱称,还是孩子们的昵称,如"小乖猫""小甜心""眼中宝",都流露出一种甜蜜与温柔,彼此之间是那么亲密。这些称呼跨越了时空,证明了人类不管在何时何地本质上都是如此。

有位古代作家认为:"男人拥有自己的房子是最美好的事情,聪明的年轻人会为自己盖一所房子,并深爱自己的妻子。"

---

① 即拥有王位继承权的法老之女。——译者注

古埃及的每个父亲都希望子承父业，子女对父母也负有责任。父母年迈时，如果儿子不打算照顾父母，那么女儿就有法律义务去赡养父母。这听起来似乎很奇怪，但女儿既然继承了财产，就理应赡养父母。除了上述责任，儿子还有其他责任。比如，"使父亲的姓氏代代相传"、精心准备仪式、奉献祭品，还要根据家族的社会等级修缮墓室。儿子对父亲履行了很多责任，同时，他对母亲的爱和付出也很伟大。通常情况下，儿子的墓中会放置一尊母亲的雕像，以此证明其血统。

一位父亲对儿子说："我娶了你的母亲，她生了你，吃了很多苦……为了你的教育，把你送到学堂；每天从家中给你送面包和啤酒，日复一日地照顾你。你长大成人后，娶妻成家，你的妻子像你的母亲一样把一切都给你，为你生儿育女，你要关心她，不要让她埋怨你，不然她会举手向神祈祷，神会听到她的声音。"

母亲负责养育孩子，在孩子小的时候负责教育他们，会将财产传给长女。父亲负责监督子女的道德教育（从遗留的"训导"推断），安排儿子们的工作，并把他的职位传给长子。因此，家庭不仅是靠亲情维系，还有彼此之间的责任。

古埃及人的户外生活时间很长。富人的家里有宽敞的花园、清凉的外廊和成荫的露台。房间向着庭院或走廊敞开，以便"凉爽的北风"可以自由流通。房子一般都是砖砌的，墙壁都粉饰过。都城里的大房子有四五层楼高，占地面积相当大。阿姆藤(Amten)是南部的一个王子，他的宫殿底座为正方形，长宽均为300英尺①。宫殿四围是封闭的围墙，墙内有住宅区、马厩、粮仓、货仓、池塘、休闲区和单独的仆人生活区——本身就相当于一个村落。很多房子都是木制的，现在还有遗留的样板，正如把石棺设计成房屋外观一样，是当时的一种时尚。房子有鲜明的特点：横向三扇门并排，格子窗，精美的檐口和平顶。

梅里-拉(Mery-ra)对自己的房子非常满意，就把它雕刻在墓室墙壁上(图2和图3)，后世因此得以复原其房子构造。房子四周是围墙，一面墙中间有个大门，两侧辅以两个小门；从大门进入庭院，仆人们正在洒水除尘；正对着大门的是带柱的前厅，从前厅可以进入门廊；两侧门廊都布置了一个小房间：三个入口都能通往大厅，大厅里分立着十二根圆柱。大厅也是宴客厅，中间放着一张长桌子，摆着鲜花和水果，两边的小桌子上放着面包、烤肉和小鸟的摆件。

---

① 1英尺等于0.3048米。——译者注

图2 梅里-拉的房子

图3 梅里-拉的房子的另一面

房子的后面摆放着整齐的酒坛。房间里还有一张餐桌，桌子两头摆放着两张豪华的椅子；一张椅子旁边放着水盆和水罐，在那个年代，餐前饭后也要洗手；另一张椅子上挂着花环，花环是送给客人的。穿过宴会厅进入走廊，再通过两扇门就是宽敞的储藏室。打开第三扇门，经过一个大厅就是两个厨房：这家人想方设法不让厨房的气味跑到客厅！走廊还通向一个小房间，这也许是个更衣室，后面是个大卧室，里面陈列着一个雕花床架，上面放着床垫和枕头，旁边有两张梳妆台。地上铺着精美的地毯，门口挂着漂亮的门帘。即使在图片上看不到主人的身影，想必他们也在这儿生活过。卧室里还放着典雅的椅子和凳子，上面铺着皮革，皮革上有压花图案或彩绘；卧榻上放着羽绒靠垫，靠垫绣工精美，镶以金银丝线。梳妆台上有装饰配件、象牙盒子、放眼影粉的雪花石膏罐、打磨十分光亮的金属镜子、精美的彩色雕花玻璃香水瓶，所有的一切都是为了完美地匹配精致的梳妆台。

不同年龄阶段男性和女性的服饰也略有不同(图4)，虽然衣服布料种类多样，但衣服一如既往地简约。他们最钟爱纯白色的细亚麻布，有时会精心地对这种布料上浆并压熨。虽然男性的衣服款式要比女性的多，但简单的短裙似

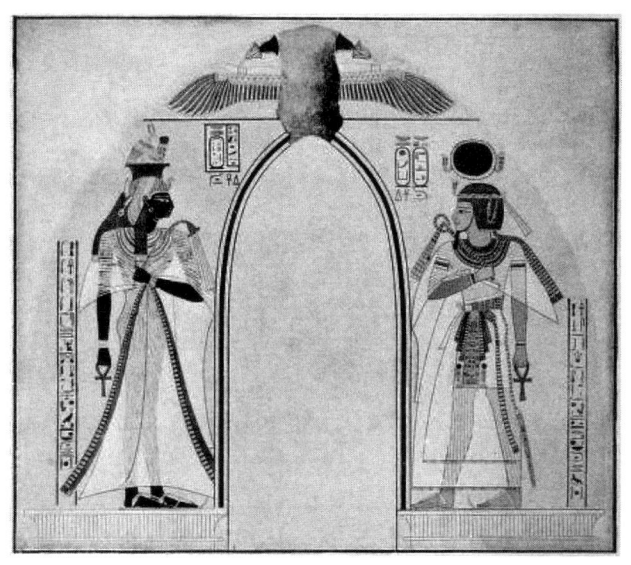

图4 华丽的皇室礼服（制作于新王朝时期）

乎才最流行。这种短裙有镶边，并搭配一条漂亮的珠宝腰带。男性有时裸露上身，或者只穿一件细纱背心，再配上精美的宽项链和手镯就完成了着装。与之相比，法老服饰的不同之处仅在于是用黄金编织或缝制的，短裙还用狮子尾巴装饰。

法老偶尔会穿长袖宽松长袍。有时他的短裙较长，类似女款裙子，图片显示这种裙子套在短裙之外（图5）。

穷人穿亚麻短裤或仅系一条流苏腰带（图17A）。

女性服饰的紧身长袍从腰部垂到脚踝，高腰背带过肩

图5 1.法老礼服;2.短裙;3.上有镶边,配有装饰性腰带,为法老和王子所穿的裙子

图6 第四王朝（前4748年—前4556年）的赛德特（Sedet）公主和纳勒布（Nereb）王子，展现了皇家服装的简约

(图6)。一些图片中还可以看到无袖的宽松披风；有时还有一些宽松的大袖子外罩(图4)。大家要么光脚，要么穿凉鞋，看心情决定。一些凉鞋上有精美的刺绣，还有一些非常像现代的鞋子。

孩子们很少穿衣服——这是婴儿在炎热环境下最清爽的穿着！年龄稍大点儿会戴腰带，再大点儿，他们就穿当时的大众服饰了。

古埃及人酷爱干净，他们会刮脸、剃头，但后来觉得光头不好看，就开始戴假发。有些卷发非常精致，适合节庆场合佩戴。女性似乎也接纳了这一习俗，但有时她们会把自己的头发卷起来编成辫子。

他们还经常洗澡，祭司甚至白天洗两次，晚上再洗两次！洗澡时还要用化妆品、软膏和香水。为了使眼睛更好看，他们用一种湿润的黑色粉末——眼影粉来涂眼皮或描眉，还经常用指甲花染指甲。

沐浴后，他们还会在头部和身上涂一种清香的软膏，抹上黑色眼影，使眼睛显得更大，把头发梳理好，卷起来，编成辫子，用金色发带和别针固定；在头发上别一朵花，一般是荷花；再穿上一袭洁白的亚麻长袍，最后戴上珠宝；然后，照一照镜子，镜子里便映照出一位时尚的埃及女性。

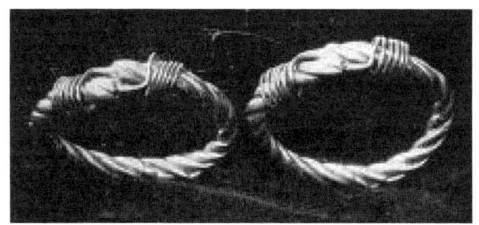

图7 漂亮的麻花状手镯

图8 娜芙蒂蒂（Nefertiti）漂亮的金戒指。娜芙蒂蒂是阿肯那顿（Akhenaten，前1383年—前1365年）的妻子

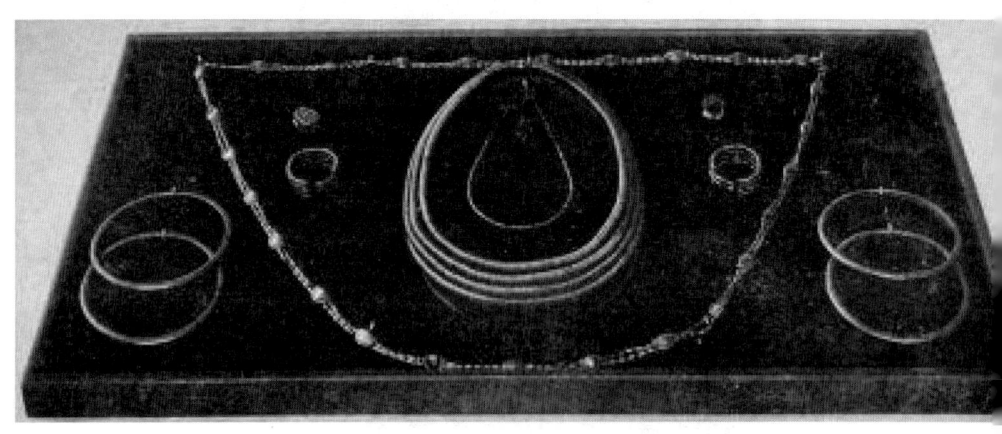

图9 珠宝。金耳环、手镯、项链和腰带；琥珀金（金银合金）的腰带，做工精细（制作于约前1600年）

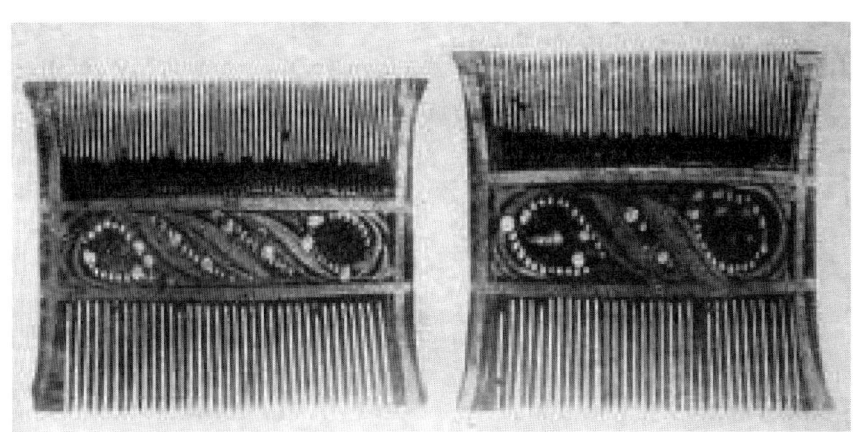

图10 两支印有图案的黑色梳子

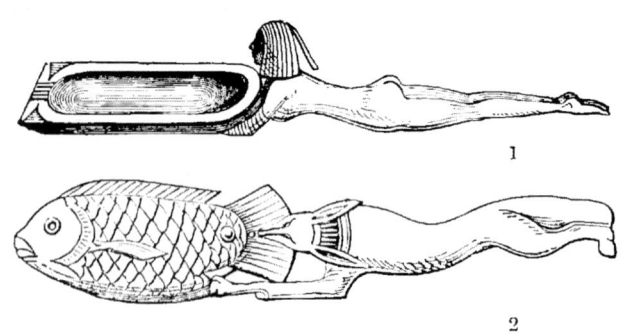

图11 1. 一个游泳的女孩推着盥洗盆

2. 一只狐狸咬住鱼尾巴,这条鱼绕着饰针旋转,刚好成了盒盖

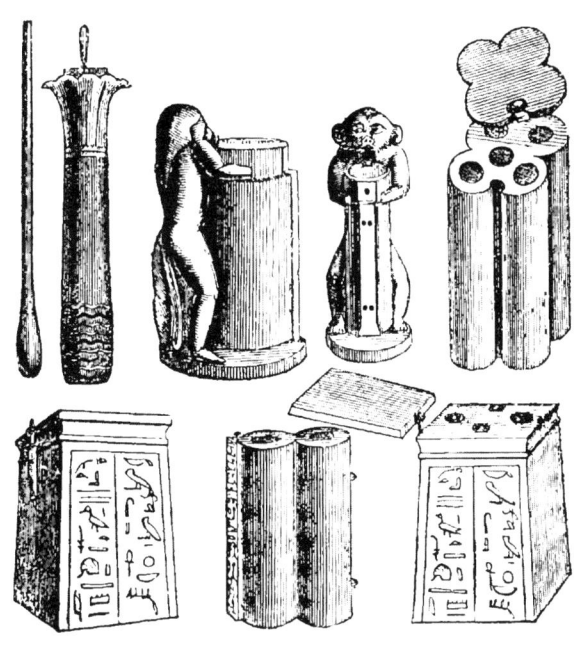

图12 化妆品梳妆盒,用来装眼影粉、指甲花和浴后涂抹身体的软膏等

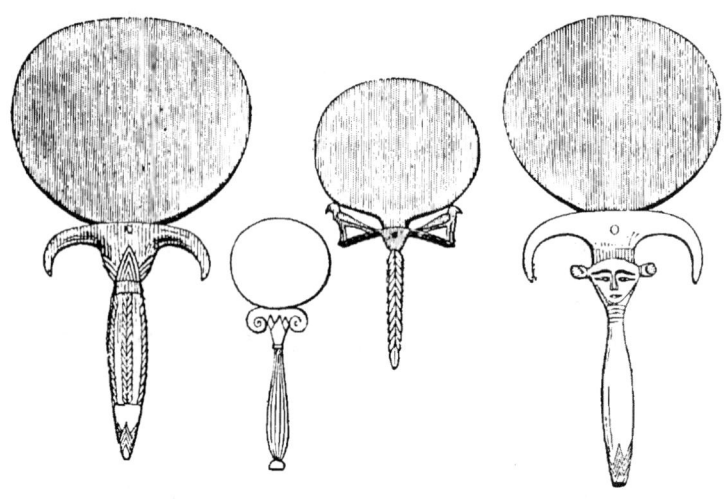

图13 镜子由银和其他金属制成，手柄上通常会镶嵌彩色陶瓷或宝石

第2章

教 育

Education

"唯有博学之人方能主宰人生。"

————

在古埃及，人人都要学习书写、阅读和算术。孩子从四岁就开始在"书屋"里习字，正如阅读是我们教育的基础一样，书写是埃及教育的基石。我们有很多当时孩子努力学习的证据，练习簿上充满了老师纠错的痕迹。埃及孩子的日常生活就是习字，一天要完成三页纸的练习量；练字之余，孩子们在字帖反面信笔涂鸦，或画上各种小动物，或写满算术运算。算术的教学方式也很新颖，孩子们在游戏中寓学于乐——他们学习平均分配苹果、花环，通过抓阄学习分组配对拳手、摔跤手，这和现在网球、槌球等球类的赛事抽签分组方式别无二致。当然，他们也有实物教学课，以此来练习实际运算能力。经济课亦是采用寓教于乐的教学方法，孩子们学习分销不同材质的器皿（金质、银质、黄铜质等）；诸如此类的课程皆是把学习之乐融入实际生活之中，这使学生们更易于理解军队的排兵布阵。这种务实的理念也植根于民众的生活之中，人们各司其职。

此外，孩子的基础教育还包括学习游泳、圣歌（sacred songs）和舞蹈。不过，礼仪道德和身心教化是重中之重。

中午时分，课程结束后，孩子们欢呼雀跃，夺门而出。学校纪律严明：凡惶惶终日者，严惩不贷！

完成初级教育后，有些男孩儿会跟父亲学习手工艺；

而有些有志于深入学习的孩子，则会进入高等学府深造；个别人在完成初等教育后，直接在隶属于行政部门的特殊学校就职。有书信为证，有一位学生成年后给老师写信道："自幼跟您学习，多亏您耳提面命的教诲，如今我获益匪浅。"所有职业之中，书吏无疑是最受追捧的。这一头衔意义非凡，小到默默无闻的职员，大到行政部门、陆军和海军的首脑，各行各业都有书吏的身影。身居此职就如同打开了成功之门，名利、地位皆会随之而来。

书吏学校曾附属于尊贵的王室，来此求学者，不论出身如何，都将同王室子女一起学习。当然，多数人最后默默无闻，在乡村做记录员。不过那些聪明伶俐、志向高远的孩子明白：努力进取，荣登书吏，方为人中之龙；奋发向上，手不释卷，或将大富大贵，或进入三十人委员会(Council of Thirty)；如获殊荣，担任大使，其声名将享誉王室。

跻身外交部门，成为派遣使者，这份美差人人梦寐以求。尽管机会甚微，但鲤鱼跃龙门的良机自然人人为之倾倒。正如一首讽喻诗歌所言：

大使之位似天堂，金匠铁匠也来忙！

对于那些有志从军的男孩，古埃及也设有军事学校——"皇家马场学校"。这个名字有点儿令人费解，我们只有读了贝肯·孔苏(Beken Khonsu)的故事才明白那是个军校。贝肯·孔苏四岁时成为学校学员，十六岁时荣升"皇家马场学校"的队长。

年轻的王公贵族也参军，随后成为法老的"首席御者"。成为战车部队的一员，是每个男孩的梦想。这首诗描写了御者的职责和喜悦：

图14 年轻王子——拉美西斯二世(Rameses II)之子的马车，显而易见，御者在教他驾车

王前驱战车，为民保家国。

衣锦归故里，余生承恩泽。

不过，这份美差亦是挑战重重。假如年轻学员不努力，无法在军事演练之中脱颖而出，等待他的将是"鞭笞一百"。平民家的孩子通常都去当兵，王子和平民接受相同的军事训练。经过一系列的体格训练——体操、摔跤，士兵们个个身强体壮、身手灵敏（图15）。军队中的高级军官甚至需要学历背景，并且外交部门会从军官和书吏中招募人员。

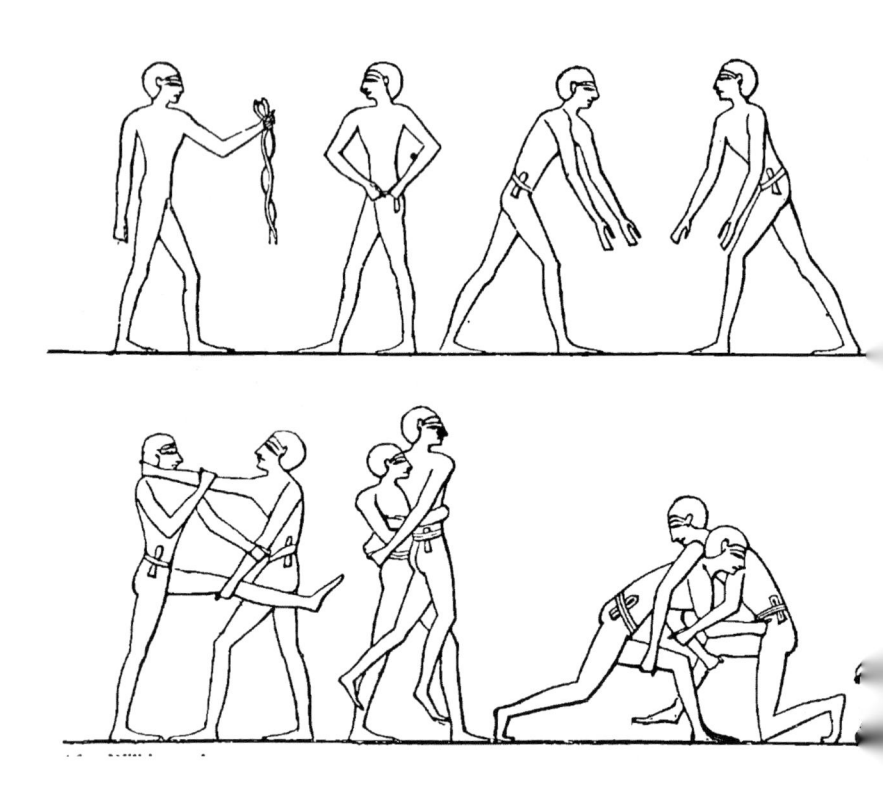

图15 摔跤：前进、进攻、控制，最后制服对方

从一位高级军官现存的信函之中可见一斑,他不仅是战车部队的将领,还是王室派遣的驻外大使。

文官武将似乎魅力相当,都广受欢迎。有诗歌对二者利弊进行了对比,更准确地说,这首诗更是歌颂了书吏这个职业:"谁言军官胜书吏?军官命运多分离。"

诗歌阐明了军事生涯的颠沛流离,指明:"书吏之爱,宜乎众矣!"

由此观之,古埃及有两大教育体系:孩提时期,孩子们要么为一个专门的职业求学于各地学校,要么求学之初即入书写学校,继而进入高等学府深造。

根据亚历山大的克莱门斯①(Clemens of Alexandria)的描述,我们得知埃及人拥有四十二部《圣书》(Sacred Books)。其中有一部《圣书》专门用来讲述"教育的艺术",当地人称为"教化的艺术",由专门的祭司负责掌管。我们也从中获悉埃及高等学府昔日门类繁多的课程,其中包括书写(象形文字和祭司体)、地理、宇宙、天文、几何(实践

---

① 希腊早期基督教神学家、作家。——原注

和理论)、测量、建筑、雕塑、绘画、礼乐、舞蹈、法律和医学。

古埃及有几个学习中心,每个学习中心都有自己独特的专业优势。

久负盛名的祭司学院设在克姆努 (Khmunu),克姆努又叫"赫尔莫波利斯"(Hermopolis)。

塔胡提 (Tahuti) 是智慧之神,又有"文艺女神"协助,所以深受当地人的崇拜。他是所有寻求智慧之人的引路者、守护者。塔胡提传授人们许多宝贵的知识,其中包括：算术和测量、理论数学、音乐原理、演讲和绘画、植物学、医学和神学。由此可见,这所名校是理论学习的一方沃土。应用科学教育中心则位于孟菲斯[①](Memphis)和赫尔莫波利斯(Hermopolis)。

医学院是祭祀职业的一个分支。虽说当时埃及人自我标榜为"最健康的人",但医学在当地确实繁盛一时。

当时的眼部疾病和现在一样常见,所以眼科医生也很

---

① 古埃及城市,位于今尼罗河三角洲南部上埃及与下埃及交界的米特·拉辛纳。其名称起源于第六王朝(约前2345年—前2181年)法老佩皮一世的、名为"Men-nefer"的金字塔,希腊人讹称为"孟菲斯"。——译者注

多。此外，在底比斯①(Thebes)发现的木乃伊②(mummy)，牙齿整洁，镶以金饰，可见当时牙科也有了长足发展。

图16 舍克-卡-保(Seker-Ka-bau)是孟菲斯的大祭司，戴着繁杂的圆形项圈和象征职位的十字架

当时的妇科学医生几乎都是女性，这是一个有趣的现象。每种疾病都有专门医生治疗，医学生因此有很多选择。

---

① 又称"努特·阿蒙"，位于尼罗河中游两岸，为埃及中王国（前21世纪—前20世纪）和新王国（前16世纪—前11世纪）的都城。前1400年臻于极盛，荷马称为"百座城门的底比斯"。——译者注
② 阿拉伯语的音译，本意为"沥青"，是指经过防腐处理，得以长期保存下来的干尸。制作和保存木乃伊的习俗在古埃及最流行，因为当时人们认为，只有保存尸体，灵魂才有寄托。——译者注

初级课程结束之后，医学生需要选择专攻一个医学分支。按照法律的规定，每个人只允许专攻一个方向，不可多选。

如果年轻人想要施展艺术才华，可以去孟菲斯，去那里膜拜艺术之神——卜塔①(Ptah)。

不过，最著名的古代高等学府是在赫尔莫波利斯，即太阳城。此地是最受欢迎的学术所在地，最

图17 阿蒙安恩（Amen'anen），皇家天文官、赫尔莫波利斯的大祭司、阿蒙霍特普三世（Amenhotep III，前1414年—前1383年）在位时期的第二任先知

为人知的就是知识渊博的祭司的智慧。祭司也被称为"天堂之师"。大祭司则是"皇家天文官"（Astronomer Royal）(图17)；他

---

① 古埃及孟菲斯地区信仰的造物神，而后演变成工匠与艺术家的保护者，形象为木乃伊，他的妻子是赛克迈特。——译者注

穿着神圣的豹皮长袍，上面饰以闪亮的繁星。他的头衔亦表明了他的不凡，诸如"博古通今的大师"、"洞悉天机者"和"天堂枢密院顾问"。学院最了不起的就是应用数学，其中两个主要分支为天文和物理。学生们一开始需要研习几何，在计量、测量和体积问题上会对学生进行检测考量，之后学生才能研习更高层次的内容。

神庙里人头攒动。外国人慕名而来，渴望在此宝库中探求知识，接受科学训练。这里教授古代先贤的伟大思想，访学之中人才济济，璨若群星。摩西①(Moses)博学多识，正是由于受到"埃及人智慧的耳濡目染"；伟大的立法家梭伦②将自己的成就归功于祭司的教诲；柏拉图③在此游学，足见此学院的伟大；米利都的泰勒斯④(Thales of Miletus)在此钻研科

---

① 以色列人的民族领袖，史学界认为他是犹太教创始者。在犹太教、基督教、伊斯兰教、巴哈伊教中，他都被认为是极其重要的人物，按照以色列人的传承，摩西五经便是由其所著。——译者注
② 梭伦（Solon，约前640年—约前558年），生于雅典，古希腊时期雅典城邦著名的改革家、政治家、立法者、诗人及"七贤"之一。出身于没落的贵族。他年轻时一面经商，一面游历，到过许多地方，漫游名胜古迹，考察社会风情。——译者注
③ 柏拉图（Plato，前427年—前347年），古希腊伟大的哲学家，也是整个西方文化史上最伟大的哲学家和思想家之一。他和老师苏格拉底、学生亚里士多德并称为"希腊三贤"。——译者注
④ 古希腊思想家、科学家、哲学家，出生于爱奥尼亚的米利都，古希腊最早的哲学学派——米利都学派（也称爱奥尼亚学派）的创始人。古希腊七贤之一，西方思想史上第一位有记载、有名字留下来的思想家，被称为"科学和哲学之祖"。——译者注

图17A 劳动阶层的服饰

图18 弓箭手手持弓弩、斧头或回旋镖，排头在示范动作

学，电的发现则是他带给世界的礼物。后来，图书馆和高等学府迁到了亚历山大，又一批人中翘楚出现了：欧几里得[①]在数学学院担任院长；克特西比乌斯[②]（Ctesibus）在此发明了压力泵；蒸汽机的先驱希罗[③]在此讲授力学；求学于此的希帕蒂亚[④]是液体比重计制作的权威，后来成为声名显赫的老师；阿基米德[⑤]年轻时在这里学习力学原理，为后来的发明打下根基，之后他的伟大发明数不胜数（如液压机、齿轮、滑轮等），他也被世人称为"力学天才"。考虑到古埃及人在运输工具、液压工程学和石像群建造方面创造的奇迹，我们认为当时已经存在力学研究。这些伟人也把古埃及的发明带到了外

---

① 欧几里得（Euclid，约前330年—前275年），古希腊数学家，被称为"几何之父"。他最著名的著作《几何原本》是欧洲数学的基础。在书中，他提出五大公设。他也写了一些关于透视、圆锥曲线、球面几何及数论的作品。——译者注

② 亚历山大的发明家，前275年至前260年为其活跃期。他是当时最负盛名的发明家，曾为托勒密王朝效力。其发明创造包括：扭力弩炮、水风琴、最早的精准水钟、带有由气缸和活塞产生动力的压力泵和做工精巧的小玩具。——译者注

③ 又称"亚历山大的希罗"（Hero of Alexandria），公元1世纪希腊伟大的数学家和工程师，在罗马帝国时代活跃在他的家乡亚历山大。他通常被认为是古代最伟大的实验者，希腊科学传统的代表。——译者注

④ 希帕蒂亚（Hypatia，约370年—415年），古埃及著名数学家、天文学家、哲学家，出生在亚历山大。她是世界上第一位女数学家，凭借自己的才华和贡献跻身于古代世界最优秀的学者之列。——译者注

⑤ 阿基米德（Archimedes，前287年—前212年），古希腊哲学家、百科式科学家、数学家、物理学家、力学家，静态力学和流体静力学的奠基人，享有"力学之父"的美称，他和高斯、牛顿并列为世界三大数学家。——译者注

面的世界，推动了世界的发展。试想，如果这些伟大发明只存在于古埃及而没有向外传播，我们可能永远无法享有这些发明带来的成果了。正是因为这些伟人对古埃及文明的学习和传播，古埃及人才得以名扬四海、流芳百世。

第3章

行业与职业

Professions and Occupations

无论是在王公贵族之中，还是在普罗大众之中，军人都炙手可热，因为法令规定，每名军人都可免费获得8英亩①土地。这一法令明智之至，它可以强化军人的责任感，将其个人财产与国土安全紧密联系起来。国家设有特殊的军事学校，军事训练从娃娃抓起。为了增强他们的体质，培养他们的意志力和耐力，学校开设各种体育课程。男孩年

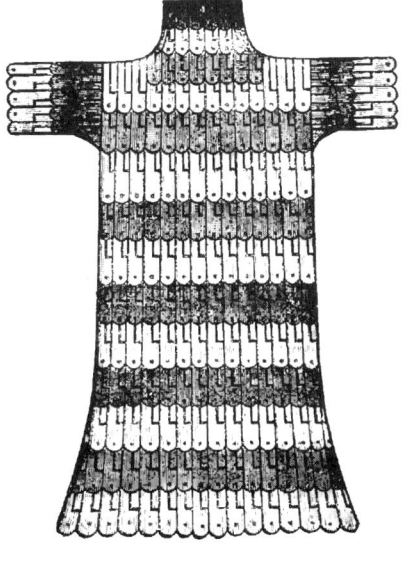

1　　　　　　　　　　　2

图19 1.颜色丰富的女式紧身胸衣（制作于拉美西斯三世时期，出土于底比斯）
2.鱼鳞盔甲外套，用铜针将金属鳞片缝在一起

---

① 1英亩约合4046.86平方米。——译者注

龄稍大一些，就开始练习射箭，使用战斧，投掷矛，之后进入不同的部队。

在军队中，弓手举足轻重，分为步兵弓手和战车弓手（图18和图20）。步兵分为轻步兵和重步兵。轻步兵手持矛、叉、

图20 一些弓手携带箭囊，进入战场；他们戴着头盔，头盔的流苏颜色各异。箭长大约34英寸[①]，箭身用木头或苇秆做成，箭头用金属做成

---

① 1英寸=2.54厘米。——译者注

匕首或短剑，重步兵配备长枪和弯刀。对于骑兵而言，战斧是他们的利器。大多数部队都配有牛皮盾牌(图18)。这种盾牌的顶部圆，它或小而轻，或大而重(仅限重步兵使用)，可以护住士兵的部分或整个身躯。虽然军中有青铜头盔，但普通的士兵只是戴上有内衬的帽子来保护头部，军队不同，帽子颜色也有差异；一些头盔和帽子上面装饰着条纹，一些头盔和帽子上面装饰着流苏。弓手和重步兵穿着铠甲，轻步兵身着夹层背心，夹层背心不会影响步兵前进的速度。

战车的作用同样不容小觑。每辆战车搭配着各式武器及一名御车夫和一两个士兵。有时，弓手会将御车夫取而代之。弓手将缰绳系在腰间，凭借出色的御马术，通过呼声就能驾驭马匹。这样一来，弓手在车内就有更大的移动空间。依靠弓的力量和韧性，弓手可以随时探身，用套索巧妙地套住敌人，拖着敌人一路向前，之后手起刀落，将敌人斩于马下，这是弓手常用的一种手段。

当然，骑兵很受欢迎。贵族是骑兵团的主要指挥官。舍尚克一世[1](Sheshonk I)入侵并洗劫耶路撒冷(Jerusalem)时，他的军队有6万名骑兵，但这一数字好像在不同时期有所不同。

---

[1] 前952年—前930年在位。——原注

每个连（company）都有自己的军旗（图21），士兵们都热爱和敬重军旗。军旗手经常由军官担任，而担任军旗手是勇敢者的证明；军旗手佩戴特殊的徽章，徽章上印着特殊的图案。

图21 军队中的各种旗帜

伴着铿锵的号角和轰隆隆的战鼓声，军队快速投入了战斗。全军气势如虹，迅速向前，弓手跳着战舞，群情激昂。编成作战队形时，重步兵成为核心。一万名强壮的士兵组成方阵，队形紧密，坚不可摧。

色诺芬[①]讲述了克罗伊斯[②]（Croesus）和波斯人之间的激战。克罗伊斯有埃及盟友的帮助。波斯的居鲁士[③]（Cyrus）击溃了克罗伊斯的军队，却发现埃及军队的方阵坚不可摧。于是，居鲁士大帝被迫签订和约，和约的条件有利于克罗伊斯，即波斯将一部分城镇割让给埃及。

围绕着密集的方阵，轻步兵和弓手组成开阔的阵形；弓手分列于两翼，中间留下活动的空间，以便轻步兵投入战斗。

埃及人本质上是海洋民族，他们的船航行在红海（Red Sea）、地中海（Mediterranean）和尼罗河（Nile）上。因此，看到他们的战舰同敌人在海上战斗，就不足为奇了（图22和图23）。

战舰的首尾不像航行在河上的民用船那样高。战舰上面有保护划桨人的坚固木制舷墙，有供弓手使用的高台，

[①] 色诺芬（Xenophon，约前440年—前355年），雅典人，历史学家，苏格拉底的弟子。他以记录当时的希腊历史、苏格拉底语录而著称。——译者注
[②] 吕底亚末代国王（约前560年—前546年在位）。——译者注
[③] 波斯国王（前559年—前530年在位），阿契美尼德王朝创建者，被尊为"大帝"。——译者注

图22 战斗中的战船。船帆收起，船头船尾升起，甲板上站满弓箭兵，吊索悬挂在高空中。可以看到戴着手铐的俘虏。桨手站在船舷上

图23 从船头跳出来准备攻击的士兵

还配有抓钩,用来将敌人拖到近处。士兵扛起军旗,听从将领的指挥。为了突出旗舰,人们给旗舰挂上彩色的帆。拉美西斯二世在阿拉伯湾 (Arabian Gulf) 有一个400人的舰队。拉美

图24 中型战船。6个人掌舵,两边各30个划桨手

西斯二世造的雪松木船中,有一艘长488英尺;另一艘比这艘建造时间稍晚一些,长300英尺,宽45英尺,高60英尺。船上有桅杆和帆,以便快速运送岸边的桨手;一艘船上能

载4000名桨手、400名水手和3000名士兵。另外，船舶还广泛用于商业，运输那些能使埃及富足的东西，比如珍贵的木材、香料、奴隶、象牙和金子。

尽管武器行业既风光又受欢迎，但农业才是埃及的重要支柱。

尼罗河水位一退，农民就开始为以后的收成做准备。地势低洼的土地里一直有水，泥土很松软，所以不需要耕地。农民把种子撒在这片沃土之上即可，流水会带来湿润的土壤，而土壤会覆盖住种子。

地势高的土地很容易干旱，所以需要犁地，犁是木制的简易犁，但犁铧

图25 农民正在锄地

的尖端部分是用金属制成的。犁有两个把手和一根杆，杆上可以拴两头牛，拴牛不用缰绳，一个人拿着短棍赶牛，另一个人照看犁沟(图27)。

埃及出产大量谷物，很多地方都能看到谷物丰收的场景。比如，收割小麦要使用短镰刀。当劳动号子唱起

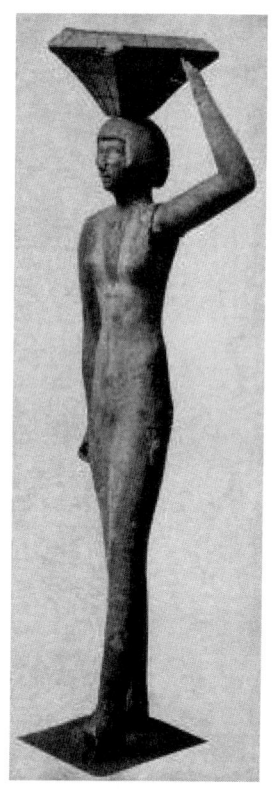

图26 农妇头上顶着一个篮子

的时候，人们跟着节奏开始割麦子。一位农场用人带来一大杯啤酒，干得热火朝天的工人停下来说："来得太及时了。"用人说："快喝吧，主人家的

啤酒解渴又提神！"（图27）不过，在农场里干活是不能偷懒的。监工在地里走来走去，用如鹰般锐利的眼睛盯着干活的人们。割完麦子时，要把麦子捆成捆，放在筐里，然后用驴把谷物驮到打谷场。

驴也很累。只有在叫骂声和扬鞭声中，驴子才会驮着筐（panniers）规矩地前行，对于那些不守规矩的驴子，车夫会骂声不断："快跟上！你这畜生！快起来，别赖在地上不走！驾！驾！"有时，工人也会用挂在杆子上的大网（nets）来运麦子。打谷场是圆形的。（未被碾压的）麦子被堆在打谷场的四周。很快，麦子就铺满了打谷场。牛在打谷场上一圈又一圈地踩着麦子，赶牛人在一边唱着歌：

打麦嘞！老牛，快来打麦嘞！
打出那麦粒儿，一粒儿粒儿嘞！
麦秆给你做饲料嘞，麦粒儿给咱当粮食嘞！
打麦嘞！老牛，趁着天凉快赶紧打麦嘞！

等麦子脱粒后，人们就用工具把麦子抛向空中，这就是扬场（winnowing）的过程。当然，书吏无处不在，并认真地记录着从打谷场运到谷仓的麦子数量。

图27 耕种和收获的场景

1.收割者；2.拿水杯喝啤酒的割麦人；3.送啤酒的用人；4.拾穗人，前者在求割麦人给他水喝；5.把麦穗装进筐里，筐上系着绳子，方便抬运，从麦穗残株的长度能看出，割麦人只割掉了麦穗；8.打粮食；10.研磨（用来脱粒）；12.喝皮水袋里水的人，皮水袋挂在树上；14.根据谷堆的测量结果，书吏记下共有多少蒲式耳[①]（bushels）；16.通过记录，核对带到粮仓的麦穗

---

① 1 蒲式耳 =36.37 升。——译者注

高粱不用割，收高粱时，将高粱连根拔起，然后用一种带齿的工具将穗扯下来 (图27)。

有的作物需要经常浇水，所以需要一些人去操作桔槔(shaduf)，否则萝卜、莴苣、四季豆、豌豆、扁豆等就会旱死。

当时，埃及因葡萄酒而闻名于世。葡萄酒的种类很多，白葡萄酒和红葡萄酒都有。人们把葡萄树种在凉亭 (图28A) 或棚架上。如果没有葡萄园和果园，庭院就是不完整的。收集好葡萄后，工人将葡萄放在袋子里，两根杆子朝相反的方向拧，再用一个陶制的盆盛葡萄汁 (图28B)。但大部分葡萄汁

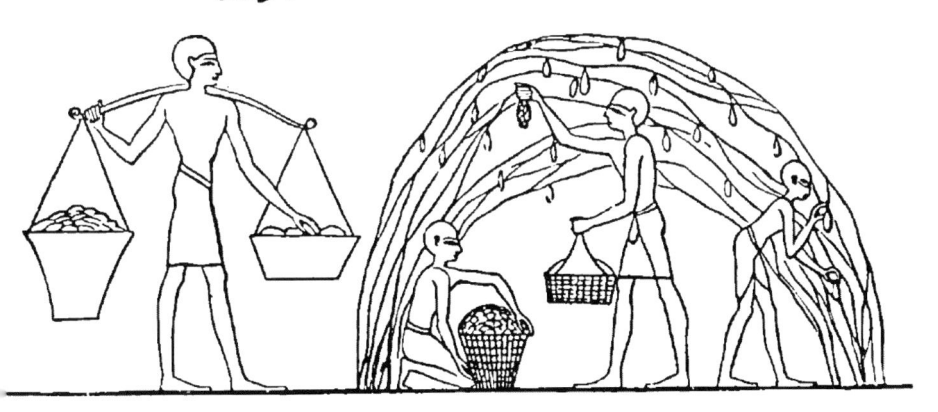

图28A 葡萄树。一些人正在摘葡萄，并把它们放在篮子里，另一个人把葡萄挑到葡萄榨汁器所在的地方

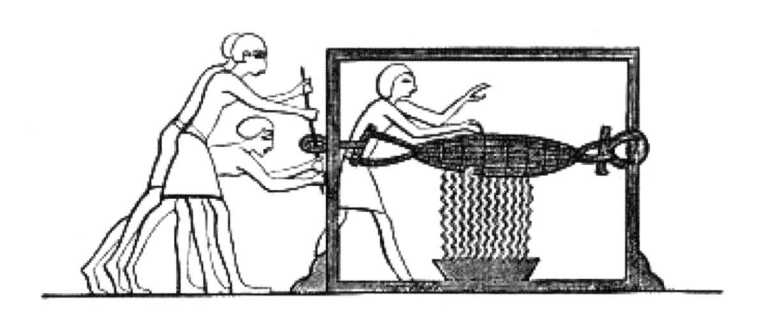

图28B 简易榨葡萄汁装置。将葡萄放进挂在架子上的袋子里，左边的三个人用杆子转动袋子，中间的人控制按压力度，榨出的葡萄汁就会流进袋子下方的大盆里

是用脚踩出来的，踩葡萄的人抓着绳子，劲头十足地蹦蹦跳跳。踩出来的葡萄汁会流到一个大缸中(图29)。然后，人们把葡萄汁倒进大型陶罐里，密封保存。许多作家都提到了埃及葡萄酒浓郁的香味。

埃及有一种很受欢迎的啤酒叫"泽索思"(zythos)，人们认为它的味道"不亚

图29 大型榨葡萄汁装置。房顶上挂着许多绳子，榨汁人拉着绳子，在成堆的葡萄上使劲地踩，榨出来的葡萄汁流进容器里，接着通过两根管子，流进水槽。右边是储藏室，里面堆满了罐子。储藏室里放了个装有角蝰的神龛，用来保护储藏室。神龛前有祭品和盛祭酒的器皿

于葡萄酒"；虽然叫它啤酒，但跟现在啤酒的味道一点儿也不一样。

许多农民饲养牛和羊，他们每年都会把羊群赶到三角洲(Delta)肥沃的草地上。当洪水来临时，牧民就会非常紧张。他们会尽快把羊群和牛群赶到地势较高的地方。有时，船夫赶着动物过河，牧羊人欢快地唱着歌，浅滩上溅起朵朵水花——

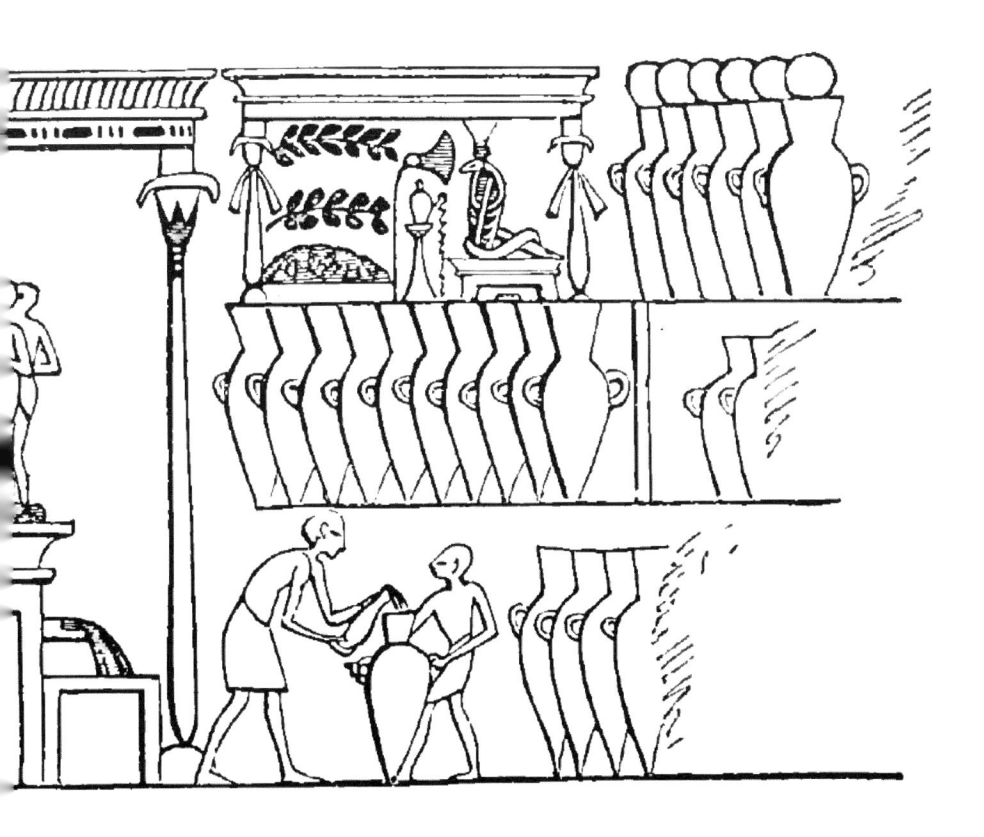

喂牛的时候，牧民对牲畜的喜爱可见一斑。尽管无聊、乏味，牧民却饶有兴味，甚至能和牛互动。牛哞哞地叫着，好像是在对牧民说："那边的草更绿更青，咱们去那边吧。"牧民欣然领会，将其赶过去。因此，牧民养的牛无不体格健壮，产仔不断。

养马也很赚钱。战马的需求非常大，马被大量出口到叙利亚(Syria)。所罗门王①(King Solomon)偏爱埃及马，曾经大量购买。

人们养羊的目的是得到羊毛。下层百姓穿羊毛制的衣服，他们的披肩和披风也是羊毛制的。在某种程度上，羊毛被认为是不干净的，在神庙里不能穿羊毛衣服，死者也不能穿羊毛衣服下葬。

人们大量种植亚麻和棉花。有时，人们会用棉花和棉布制作家庭用品；有时，人们会用棉花做衣服。但凡买得起的人都喜欢穿亚麻衣，亚麻布非常细、白，看上去很漂亮。在图中可以看到，人们在织亚麻布(图30和31)。亚麻布的精细程度让人难以置信，亚麻布衣服的针脚相当完美，甚至流

---

① 以色列联合王国的第三任君主。《旧约·列王纪》称他有非凡的智慧。所罗门在位期间，把首都耶路撒冷建成圣城，使其成为犹太教的礼拜中心。所罗门时代又是古希伯来文化发展的重要阶段，许多文学作品都以他的名字命名。——译者注

传至今的最好成品上面没有任何瑕疵。在孟菲斯附近发现的一块亚麻布的经纱上每英寸450根线，纬纱上每英寸110根线。传说有一件奇妙的亚麻战衣，每根线都由365根纤维

图30 男人在纺纱、织布

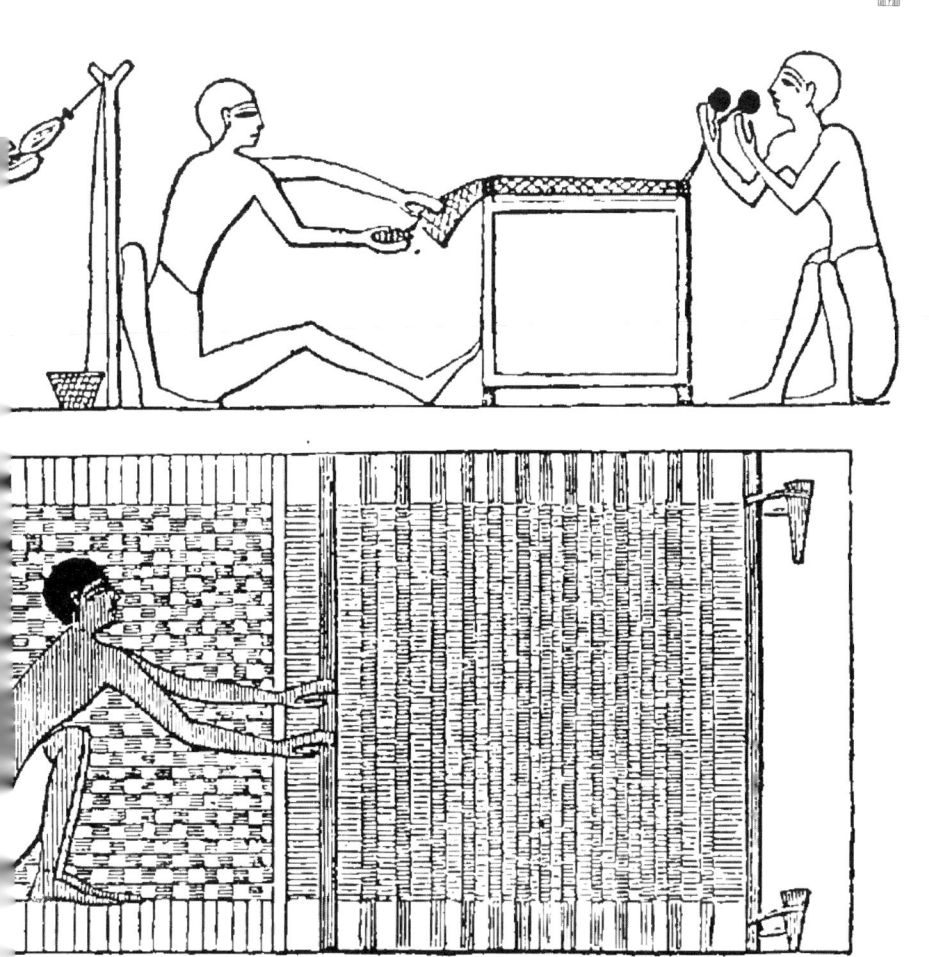

组成！富人所穿的衣服绣花精美，五颜六色。布料都由染过色的纱线织成，图案绚丽多彩。

木乃伊所用的绷带一直都是亚麻材质，绷带将它们裹得严严实实，密不透风。值得一提的是，现代外科所用的绷

图31 女人在纺织

带在木乃伊身上都有迹可循。

制革匠人是当时社会的重要组成部分。许多物品是用皮革制成的，例如，水瓶或酒瓶、盾牌、装弓箭的箱子、战车的装饰品、家具、束腰带、靴子、凉鞋(图32)。其中一些革制品非常具有观赏性，其工艺是先给兽皮染色，之后再压印、切割。

图33—图38是木匠制作的普通家具。家具的设计颇具艺术性。桌子腿和椅子腿雕刻着狮子和山羊的形象，也有的雕刻着鹅颈和鹅头的形象。座椅的软垫由交错的皮革条编织而成，或用印染带花的兽皮制成。制作家具时会用到各种木材。昂贵的家具上装饰着各种名贵木材雕刻的配件或镶嵌着象牙。乌木和象牙是最受欢迎的组合。工匠给普通木制品的外表巧妙地贴上名贵的木皮，有时甚至涂上油漆，模仿贵重木材的纹路，达到以假乱真的效果。还有一种奇特的材料是"卡图纳热"(cartonnage)，可以用来制作棺材。这种材料很像一种浆糊或纸板，由多层亚麻布粘在一起制成，表面覆盖着灰泥，然后上色、镀金。

商店里商品琳琅满目，与现代的集市相差无

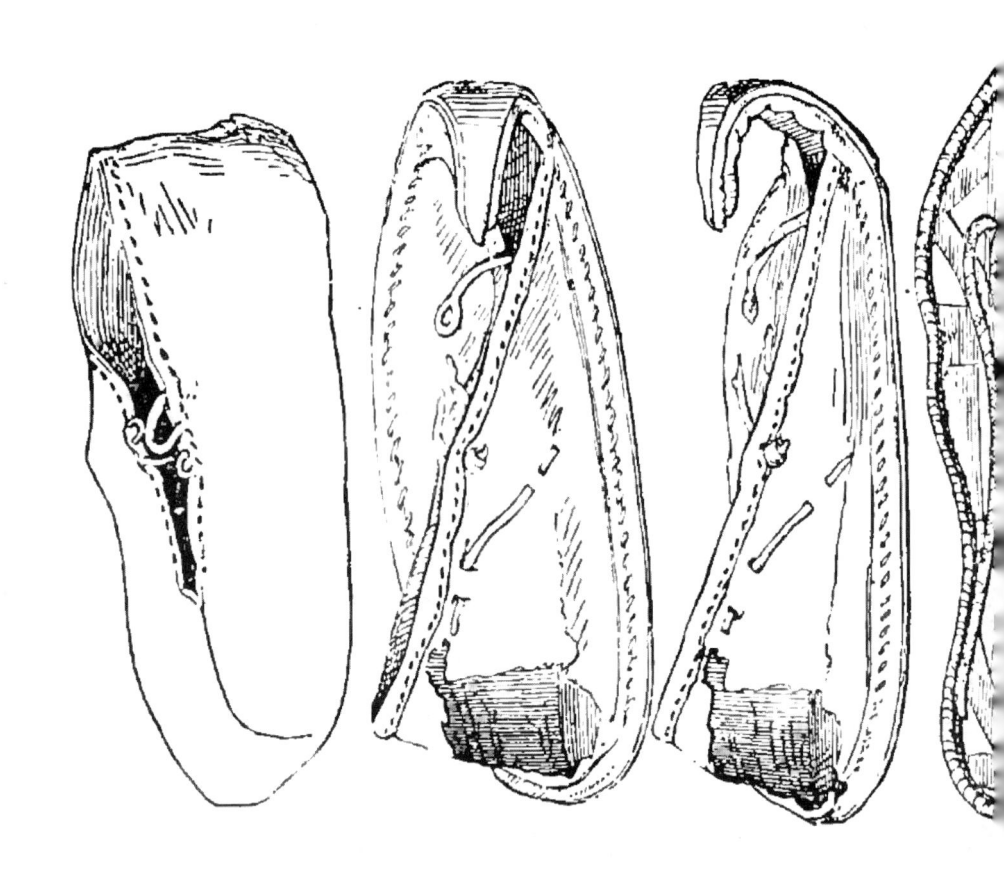

图32 凉鞋与绿色皮革鞋。凉鞋由棕榈叶和纸莎草做成

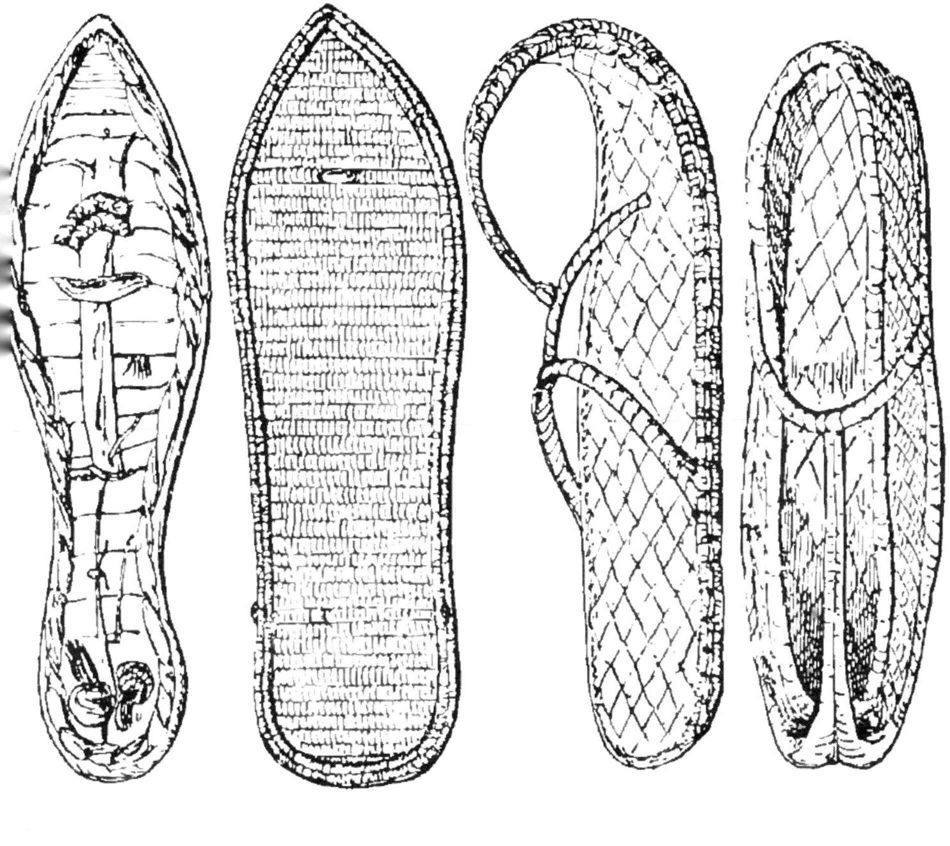

图33 木桌

图34 1.镶嵌象牙的乌木凳子

2.凳子腿上带有饰品

3.普通凳子,但都属于同类藏品

图35 凳子

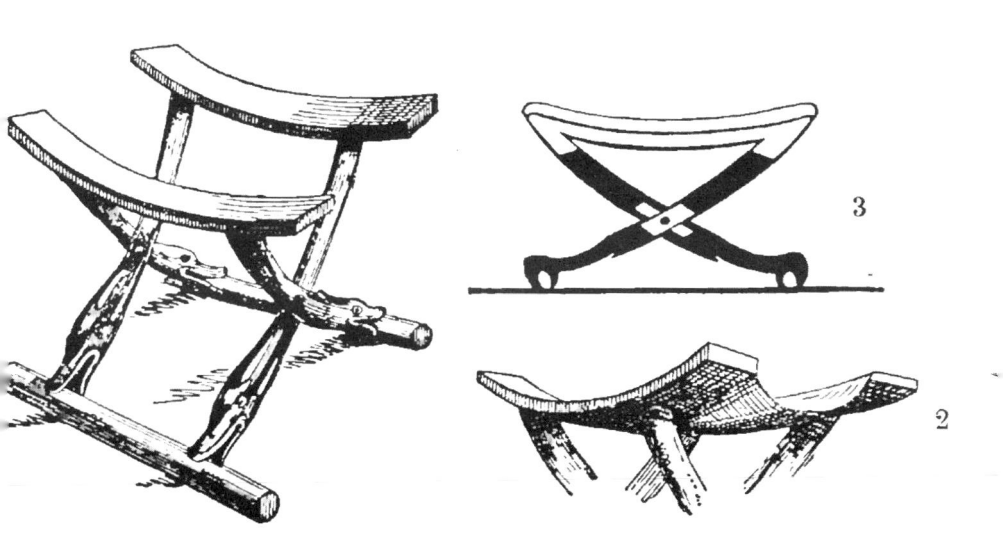

图36 1.凳子

2.用皮革固定的凳子座面

3.同用皮革固定的凳子类似但带有垫子

图37 椅子。它的框架由镶嵌象牙的乌木雕刻而成,靠垫里填充羽绒,上面铺着挂毯(制作于拉美西斯三世时期)

图38 扶手椅。扶手上刻有狮子图案。下面的人物是俘虏,身上拴着链子,更显得很卑贱。座位上铺着皮革,皮革或刷漆,或印花,或刺绣

几——商店是一个正方形房间,正面的门完全敞开;路人可以看到所有的商品,店主坐在一个高高的座位上,一边喝着冰冻果子露或咖啡,一边和有意购买商品的顾客闲聊。食品店有一排排的鸡和鹅,顾客需要的话可随时拔了毛出售(图39)。有时卖家蹲在地上摆摊儿,篮子里装着蔬菜、鱼等货物。人们在大街上来来往往,讨价还价,用项链换

图39 家禽商店。两个人正在宰杀家禽,店里挂着一排待售的家禽

鱼，用药膏换洋葱和瓜果等。

在古代，手工制品与艺术融合，工艺和艺术交相辉映，难分高下。当然，这个时代自然不缺珠宝首饰、金属制品和玻璃器皿等艺术品。

金匠们技艺非凡，他们制作出精美的项链及嵌有闪闪发光的珐琅(enamels)和景泰蓝(enamels)珠宝。有时，金首饰上会镶嵌宝石来修饰轮廓，而不是用珐琅来修饰轮廓。这种工艺特别适合用来装饰胸前的珠宝或者官员用的珠宝。耳环和指环式样繁多，耳环上多饰以珍珠。

埃及人双手十指之上都戴着各式戒指，但与右手相比，人们似乎更喜欢装饰左手。同我们一样，无名指上的装饰更常见。他们的戒指通常是金的，镶有圣甲虫(scarab)或雕琢过的宝石。对寻常人家而言，蓝色印章戒指(seal-ring)就足以怡情了。像大多数东方人一样，他们喜欢华丽的珠宝首饰，男男女女皆满身装饰，项链、手链、戒指和脚链光彩夺目。

即使在很早的时候，金匠的技艺也已登峰造极，他们的设计美观独特，工艺精妙绝伦。

每逢节日的时候，金杯和银杯会用来装点餐桌；皇室和寺庙似乎普遍使用金盘。这些杯子雕刻精美，通常镶嵌着稀有的宝石；许多杯子配有盖子，有的有一个或两个杯柄，有的没有杯柄。

埃及人的花瓶与古希腊人的花瓶一样，外形都很好看，但埃及花瓶的年代更为久远(图40)。形状和装饰都表现了创造它们的艺术家的丰富想象力。

底比斯发现了许多青铜器皿(vessels of bronze)。它们高度抛光，呈现出优质金属的光泽。金匠知道如何增加青铜武器和青铜工具的弹性。他们用一些独特的方法回火(tempering)，让青铜变得坚硬如铁。青铜工具一经锻造，就锋利如刀，能在坚硬的石头上轻松地雕刻。

王公贵族的青铜武器镶嵌着黄金。武器的把手非常漂亮，有的把手用象牙制成，象牙上镶嵌着黄金和宝石。毫无疑问，当时也使用铁；许多图案上都有屠夫在蓝色

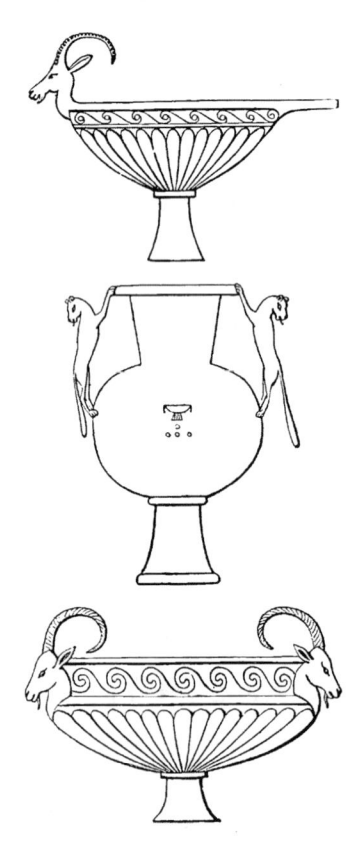

图40 装饰有手柄的花瓶。第二个显然是用金子做的

金属棒上磨刀的形象。从图案的颜色来看，这些武器是用铁制成的。

埃及人熟悉金属的加工过程：熔炼(smelting)、锻造(forging)、精炼(refining)、回火、焊接(soldering)、合铸(alloying)、镶嵌、雕刻和镀金(gilding)。"金匠"这个职业享有很高的声誉，"金匠首领"也常被人们挂在嘴边；一位"金匠首领"声称自己"知道黄金屋的所有秘密"。

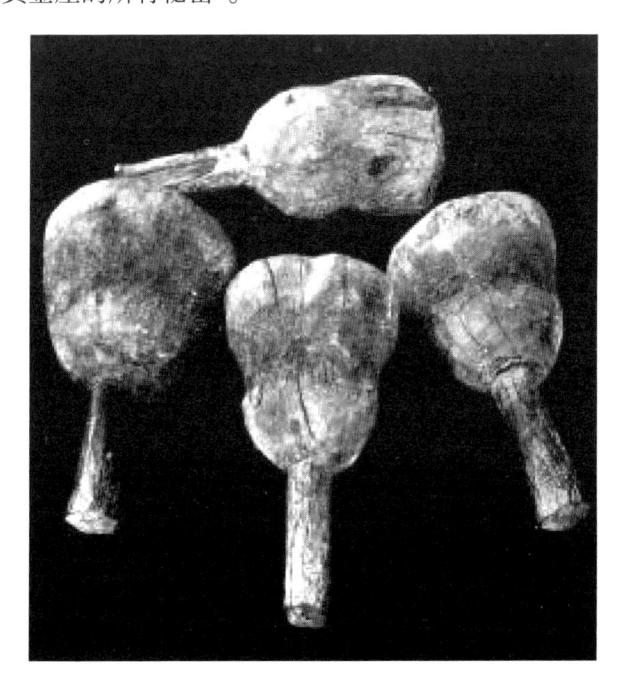

图41 埃及石匠用的木槌

埃及有大量适合制作陶器的黏土(clay)。几千年前，陶工用脚揉搓黏土；黏土达到合适的黏性时，陶工将其放在轮子上，使其随着轮子转动，再用手将黏土捏成型。然后，把这些 (陶胚) 装饰品切割分开，放置晾干，之后放到烤炉里烘烤。桌子上用的漂亮花瓶、碗和卫生间用的物品都是彩陶 (faïence)，工艺十分精美。小雕像、碗、花瓶、杯子和珠子都显示出陶工炉火纯青的上色、上釉技术。

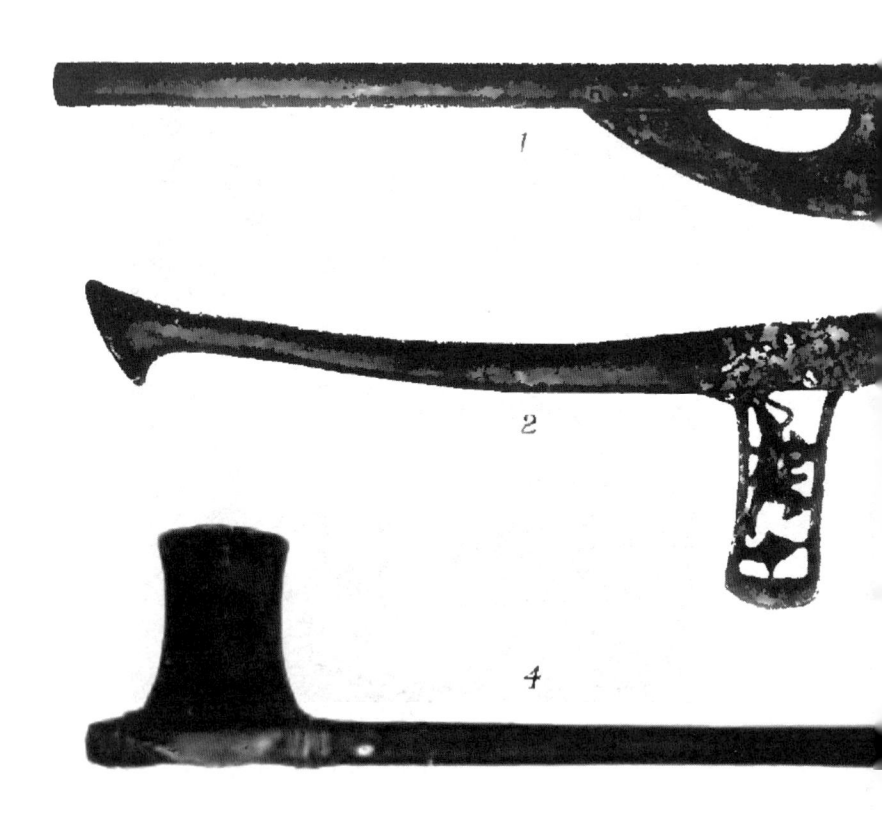

尽管黄色和红色很常用，但最受欢迎的颜色却是蓝色和绿色。陶工的工艺不局限于陶器，他们还可以通过某种未知的工艺给切割好的石头上釉。

有时，石棺表面也涂有一层透明的、深绿色的釉料。透过这种釉料，象形文字清晰可见。

陶工给金饰品上釉得心应手，这项手艺与他们的本职工作差别不大；护身符和珠宝就由这种景泰蓝上釉制成。玻璃镶嵌画五彩缤纷，图案一目了然。图45中的玻璃吹制工正忙着自己的工作；图中可以看到熔化材料的熔炉，工人蹲在地上使用吹管。有的玻璃花瓶上还刻着象形文字（Hieroglyphics）(图46)，有时珠子上也有。据说为了在宝石上雕刻，他们用到了钻石。宝石工艺匠当然是自己领域中的专家；他们使用的工具一定比石英更坚硬，即使是钢也无法切割石英。

图42 1.青铜戟（Bronze Halberf）。刀刃被铆接在一个杆上，杆上装有一个合适的木柄；2.青铜斧上有一名飞奔的士兵的图案，包着柏油（bitumen）的皮革条将其头部绑在木柄上；3.斧头上有两头正在搏斗的公牛；4.用羚羊皮革将青铜斧固定在斧柄上。刀刃上刻着塔夫拉姆斯三世（Tahutimes Ⅲ，前1481年—前1449年）的名字门-凯伯-拉（Men-Kheper-Ra）

图43 吹管（Blow-pipe）和钻孔器（Drill）

图44 工作中的陶瓷工（Potters）。器皿的外形用轮子打磨，之后在火炉上烘烤，完成后放到篮子里

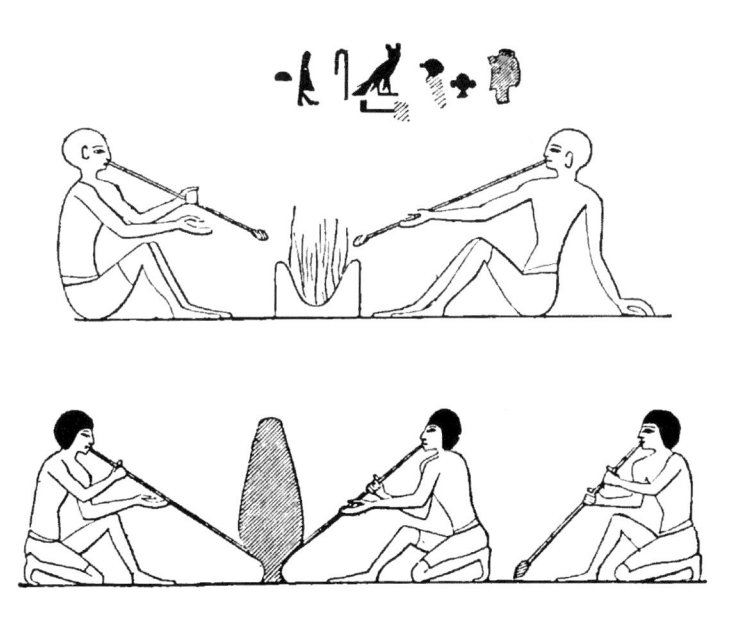

图45 玻璃吹制工在工作。他们吹玻璃，现实中的吹管底端是绿色的

图46 古埃及的玻璃瓶

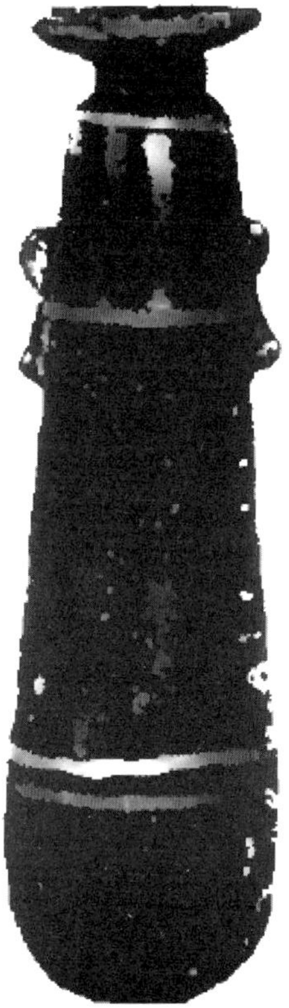

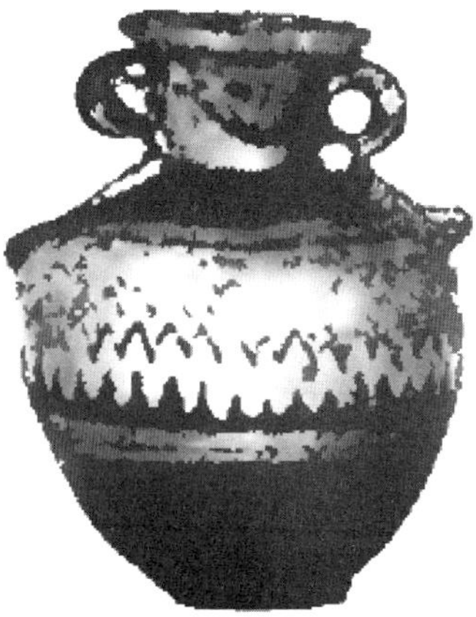

除了钻石之外,什么都无法切割出如此深的凹槽,因此可以推定工匠使用钻石。

工人们还会用圆锯(Circular saws)挖空雪花石膏(alabaster)花瓶(图47),然后去掉中间的芯;目前已经发现了上百个这样的工艺品。今天没有留下钻石尖锯(diamond-pointed saws)的原因显而易见,因为尖锯上的钻石会不断地重复使用,直至被磨掉。

图47 用雪花石膏制作的容器,其中一些上了釉

人们巧妙地用彩色易熔的铅制玻璃仿制宝石；珍珠、紫水晶和绿宝石的仿制水平很高，甚至能蒙骗专家。普林尼(Pliny)说，仿制品如此精美，以至"很难区分宝石的真假"。

第4章

娱 乐

Amusements

"莫要辜负好时光！丢掉烦恼，找点儿乐子。"

埃及人最喜爱的娱乐活动是音乐和舞蹈，这和他们的性格有着莫大的联系。壁画上随处可见各式各样的乐器。人们习惯在音乐会上招待客人，乐队的音乐一奏响，歌手们就随之高歌，一般请来的都是最有名的歌手。

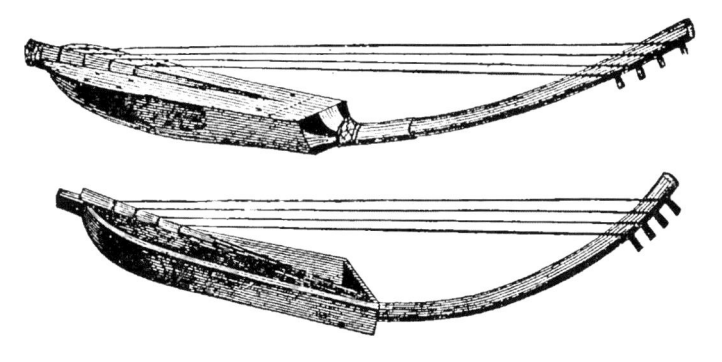

图48 古埃及特有的乐器——竖琴

（和现代常见的竖琴、里拉琴和吉他有所不同）

竖琴分为很多种（图48—图50），大点儿的竖琴的琴弦多达22根，小点儿的竖琴的琴弦只有4根。最大的竖琴通常只有男人才能弹得动。里拉琴（lyres）也分几种，琴弦有3根到18根不等。弹奏的方法有用琴拨（plectrum）弹和用手指弹两种。古埃及的弦乐器装饰精美，上面还有漂亮的彩绘。

笛子和排箫特别长，一般情况下只有男人吹得了（图51）。女人们吹双管排箫（图53）。乐声一响，舞者则随着美妙的音乐翩翩起舞。

图49 十弦大竖琴。琴身绘有精美的图案,琴底雕刻着拉美西斯三世的头像

图50 十四弦竖琴

图51 超长笛

图52 音乐家用带子把吉他挂在脖子上弹奏

图53 表演双管排箫和跳舞的姑娘

图54 1.三弦吉他；2.边弹吉他边跳舞的姑娘

手铃鼓 (Tambourines) 和其他鼓 (drums) 的加入，使乐队的演奏更加完美；铜钹 (cymbals)、响板 (crotala)、叉铃 (sistrum) (图55) 可以和其他乐器一起合奏。

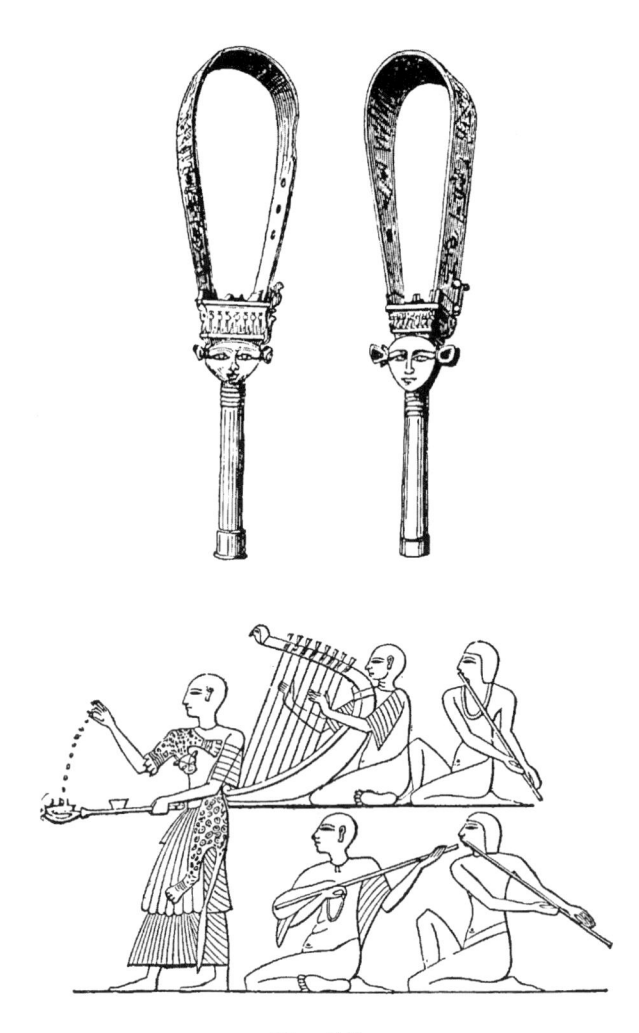

图55 叉铃

图56 神庙里由笛子、竖琴、吉他组成的埃及管弦乐队。祭司穿着礼服,开始进香

至于这些音乐是如何谱写的,人们已不得而知。但肯定有某种谱曲方法,因为组成管弦乐团(orchestra)的乐器种类

图57 小型乐团由竖琴、吉他和双管排箫组成

图58 两种不同类型的里拉琴（七弦竖琴）。
左边的女孩正在用琴拔弹琴

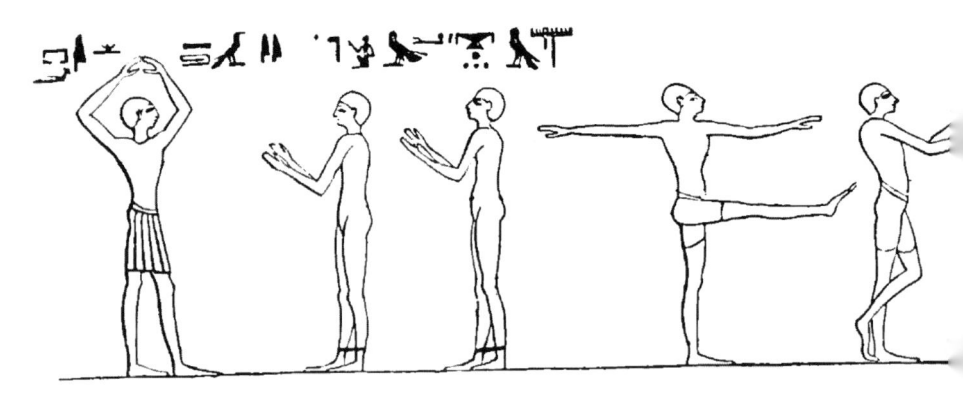

图59 左边的男子随着击掌的节拍在跳独舞。
还有一群舞蹈演员练习单脚回旋和双人舞

繁多。这种古老的作曲方法一定十分复杂。一位作家曾提到，曾经有600名演奏家齐聚一场音乐节。孟菲斯有一所顶级的音乐学校，许多女歌手都在这里学习唱歌。很多古典音乐作曲家都赞扬古埃及音乐人高超的技艺。据说，古埃及人教会了希腊人和蛮族怎样使用乐器。古埃及孩子从小熟知并学习演奏各种传统乐器，用以陶冶情操。古埃及传统乐器既是一门艺术，也是一门科学。僧侣们只去钻研传统乐器的弹奏之道，不被鼓励创新演奏方法，至少在神庙中是这样。据说，在敬神时吟唱的格列高利圣歌就出自古埃及人创作的乐曲。不过，这组"圣歌"没有歌词。

在私人娱乐场所，音乐和舞蹈是必不可少的。在古埃及，男女老少都是天生的舞蹈家。有独舞，但更多的是双人舞。舞蹈动作都有固定且复杂的名字。例如，"旷野之风"这个动作，就是模仿芦苇在风中飘荡的形态；另一个动作——"足下之恋"，两位舞者面对面，其中一位抓住对方的头发，另一位则单膝跪地。传统舞蹈演出服都非常轻薄，

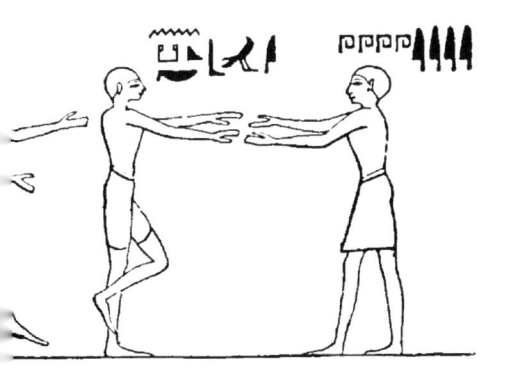

跳舞时方能展现出演员的轻盈优雅之姿。无论男女,在跳比较欢快的舞蹈时,通常都会穿一件露膝的短裙,方便行动;孩子们则会勒一条腰带,跟着响板的节奏跳舞。

舞蹈多种多样,服饰样式也纷繁多变。在跳团体舞(corps de ballet)时,舞者穿着长长的透明纱裙,随着手鼓的节拍,如波浪般起伏。东方传统舞蹈讲究精准的动作和姿势,但古埃及的舞者对这些古老的,甚至是几千年前的舞蹈有

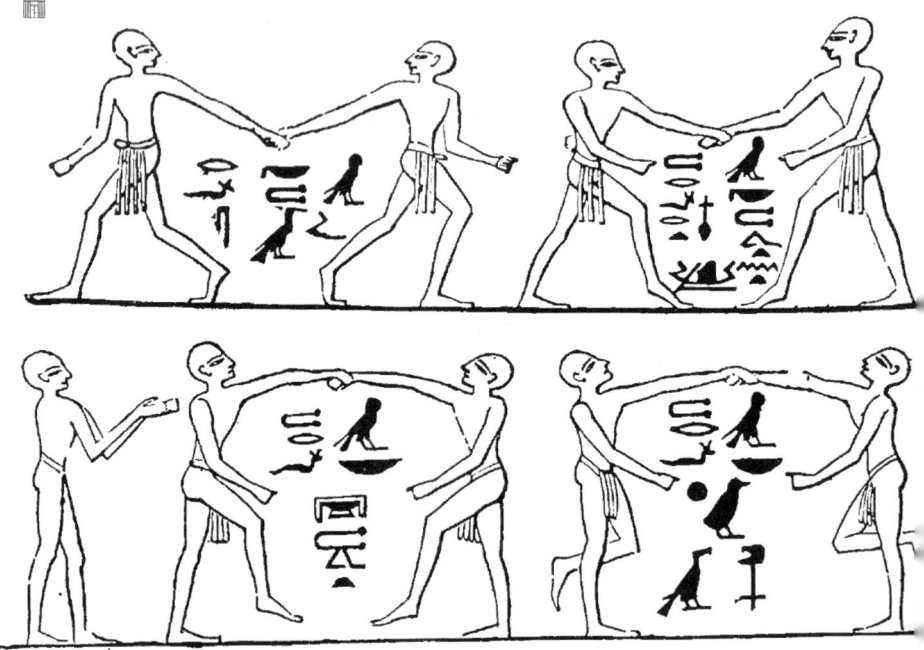

图60 花样舞

了新的突破，比如空中跳、单脚尖旋转等崭新的舞蹈动作，常常令观者们赞叹不已(图60)。

图61 抛球的少女们（两手同时接抛多个球）

摔跤在古埃及非常流行；图15显示出进攻和防御的多种方式。在另一场景中，两个男人正在用木剑比画。木剑上有防护装置，用来保护手腕。他们左臂上捆着一个木板做的盾牌，一般会用3条到4条带子加固。女人们也喜欢玩精巧的球类运动，她们单脚跳来跳去，在空中接球(图62)。有时，姑娘们还会骑在彼此的背上玩。输的人下一局就要背对方，就像希腊游戏中"驴"的角色。

图62 传统球赛(赢的人骑在输的人背上)

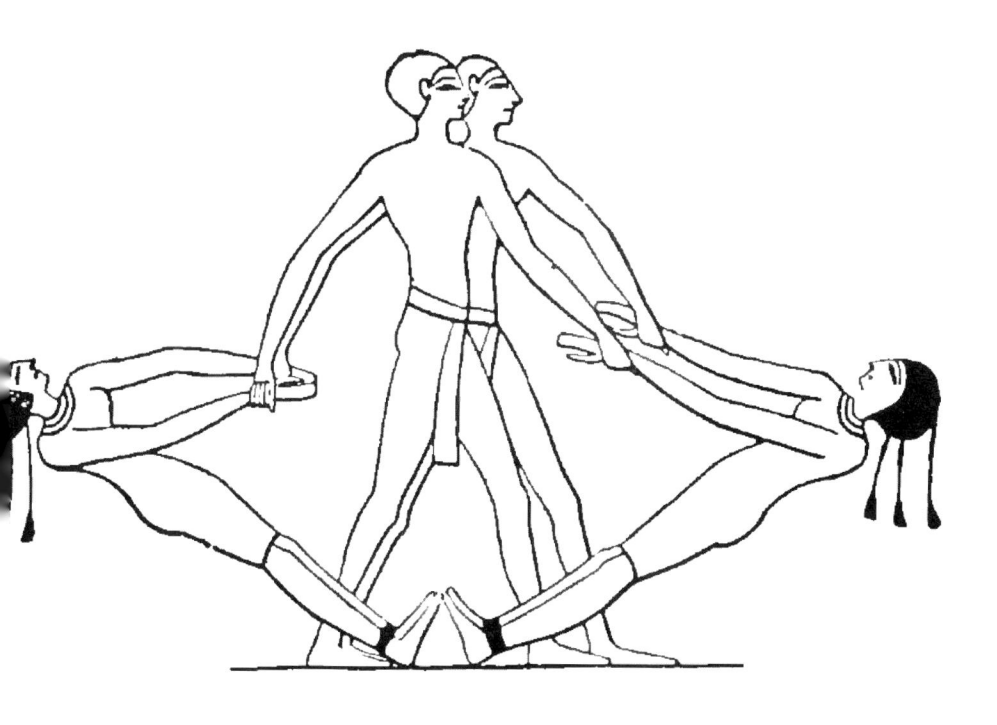

图63 用脚后跟做支点,女人身体蹬直向后倾,男人拉着女人们的手旋转

体操运动员和摔跤手身手矫健，令人惊奇。从前，表演这些技巧纯粹为了娱乐大众，后来逐渐演变成了现在一些为人熟知的动作。

古埃及人非常喜欢斗牛，但他们的斗牛更文雅，没有斗牛士，也没有斗牛士助手。斗牛会被赐予名字，比如图64中的"所向披靡"和"战无不胜"正在展开一场角斗。如果自己的牛获胜，主人将会得到奖励。

图64 "所向披靡"和"战无不胜"两只斗牛正在角逐；牧人用短棒驱策公牛

古埃及人热爱运动。辽阔的土地和丰富的野生动物，为古埃及人提供了天然的游猎场所。雄鹿、羚羊、野山羊、野牛等出没于山林之间；鬣狗、狐狸和豺狼则活动于平原与沙漠之中。贵族们热衷于各种大型狩猎活动，比如猎杀河马。河马好斗，通常待在沼泽地里。

当河马浮出水面呼吸空气时，猎人便猛地用带卷绳的鱼叉刺向它，但河马会立刻潜到水下，卷绳露出水面。当这个庞然大物再次浮上来呼吸时，猎人又一次刺向它。直到

图65 猎人满载而归，扛着捕获的羚羊，领着猎犬回家

河马筋疲力尽，浑身上下缠着数不清的绳子。这时，猎人就可以把河马开膛破肚，大卸八块。不过，河马偶尔也会逃脱，愤怒的河马会撞翻船舶。古埃及人还喜欢驯养各种动物做宠物（图65和图66）。因此，许多勇猛的猎人会带上自己的弓箭，前往更远一点儿的沙漠地带，因为那里有更凶猛的狮子和豹子，他们可以大展拳脚。往南去，就可以找到大象和长颈鹿。比较常用的打猎工具有套索和流星锤（两端系有铅坠的绳子）。埃及有很多不同品种的狗，有些狗像是如今时髦的品种的祖先，例如史前腊肠狗（prehistoric dachshund），躯体较长，四肢短而弯曲。在平原上狩猎时，灰犬就派上用场了。在狩猎大

图66 野兔和豪猪被关在笼子里带回家，以及一只带着幼崽的温顺的瞪羚

型动物时，会用到方阔口鼻的大型猎犬（图67）。有时，人们还会训练狮子来捕猎，类似现在有些印度人使用猎豹（cheetahs）狩猎。在狩猎小型动物或飞鸟时，人们还会训练猫来跟踪猎物。事实上，古埃及人是专业的驯兽师，甚至能训练猴子爬上高树摘果子，或帮人们拉纤拖船。很多纪念碑上都刻有主人与自己心爱的宠物在一起的场景：狮子或猴子坐在主人的椅子旁，狒狒和狗在一旁走来走去，小猫立于船头。

富人们喜欢在私家花园的池塘里钓鱼。不过，如果用网打鱼，他们通常去三角洲的河里（图68）。专业捕鱼人喜欢用双叉矛来捕鱼。捕鱼时站在用纸莎草制成的平底船上，仔

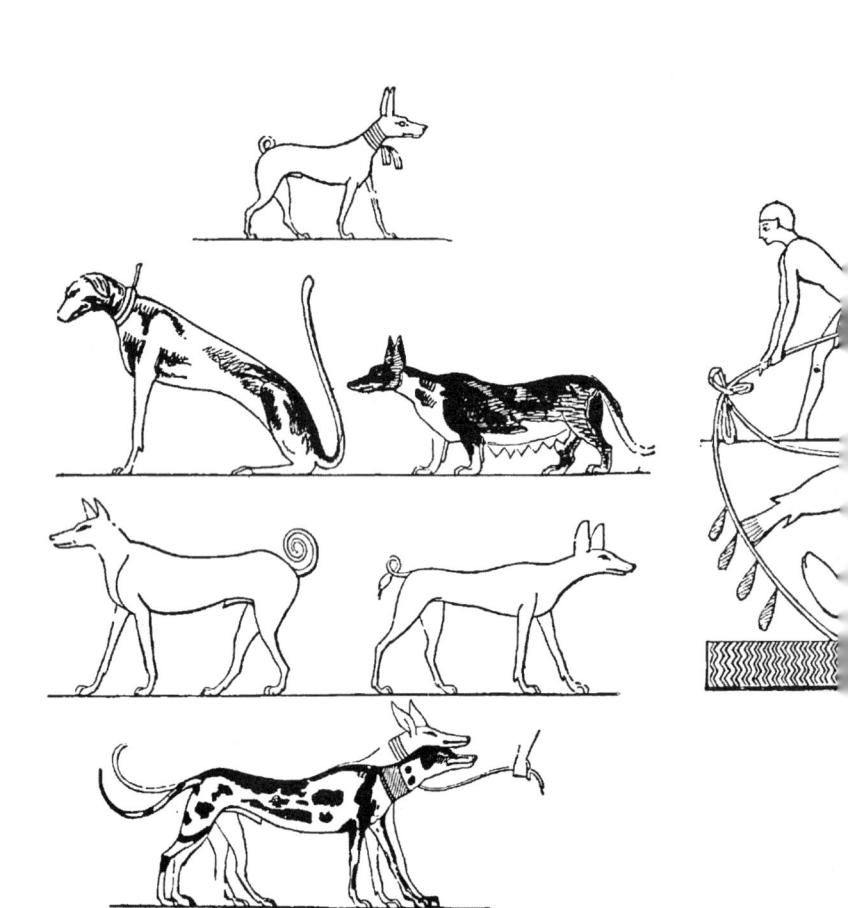

图67 各种埃及犬

图68 三角洲的渔夫在拖曳渔网，监工则斜靠在一根棍棒上监督

细观察水面，只要鱼一游过，就立刻刺向它们。如果两个鱼叉上都插中了鱼，就可喜可贺了（图69）。

在埃及，野禽四处可见。有一个家庭传统是驾着平底船去湖畔游玩（图69）。当洪水泛滥、河水高涨时，一家人就会

图69 左侧：外出的一家人在一处静水或沼泽中狩猎野禽。在纸莎草丛中，一只埃及獴正从网中偷鸟。右侧：又一次钓鱼聚会。这位父亲熟练地用双叉矛捉到了两条鱼

一起去捕鱼。捕鱼的工具是一根扁平的棍子,头部削尖,手感很沉。

平底船上如果没有猫去取回猎物,那就不够完美了。人们还会带上一只假鸟当作诱饵,捕鸟结束后,就放猫去找回猎物(图76)。天黑时,人们野餐归来,捕获了不少鱼和野禽,用它们来装点晚餐。孩子们摘了新鲜的荷花,并把不同的野花编成花环,把荷花和花环一起带回家。

古埃及人的户外活动十分丰富，但各种室内娱乐活动也毫不逊色（图70—图74）。跳棋在埃及十分受欢迎，无论贵族还

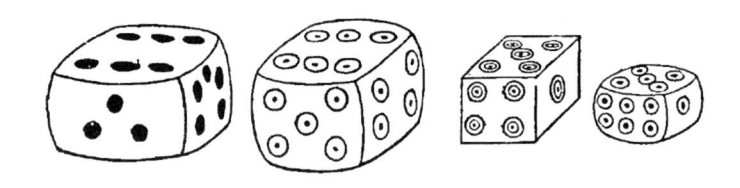

图70 骰子

是平民都很喜欢。跳棋的棋子多用象牙或者木头雕刻，有大有小，形状各异。有的棋子雕刻着小小的人头像，有的看起来就像九柱戏（ninepins）中的木桩。

图71 下跳棋

孩子们则玩自己的木玩偶（图75）。当玩偶头披真发、手脚活动时，孩子们就会欣喜若狂。看到张着血盆大口、嘎嘎

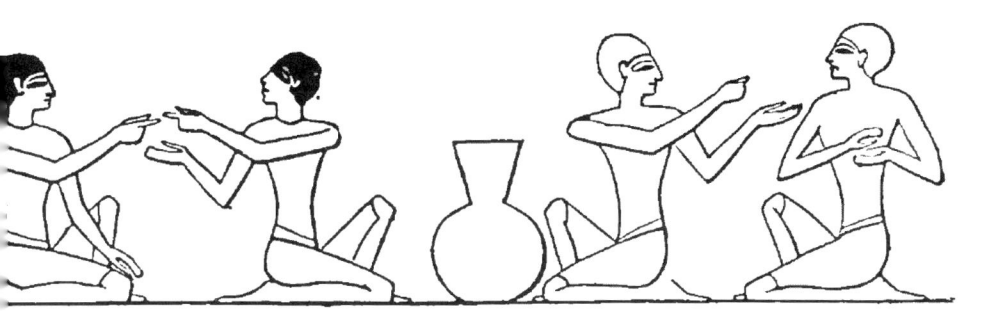

图72 猜拳和猜单双

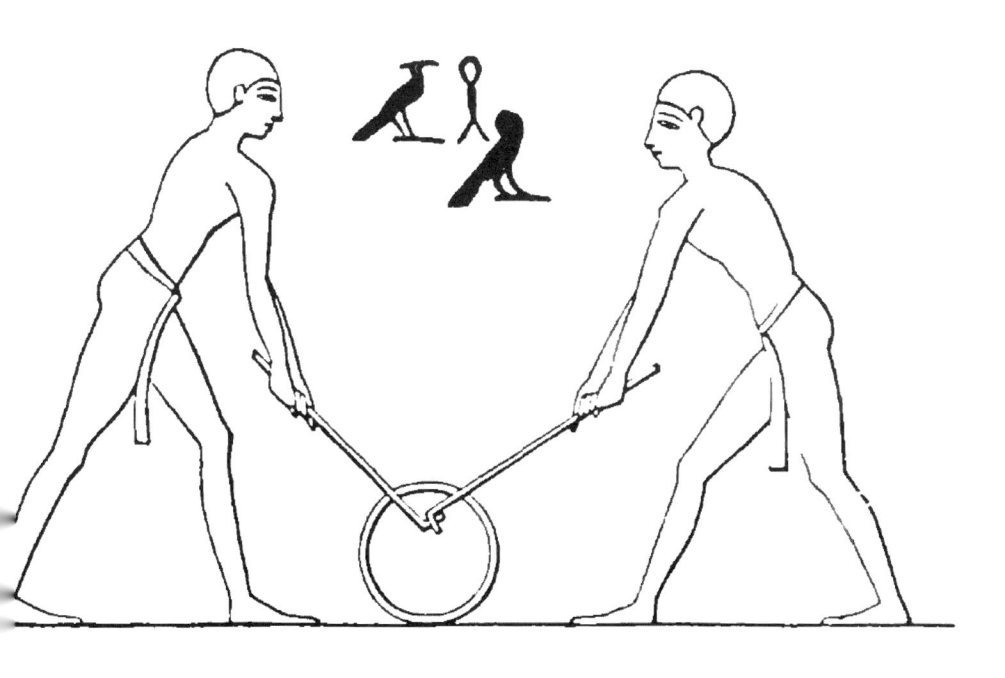

图73 铁环游戏

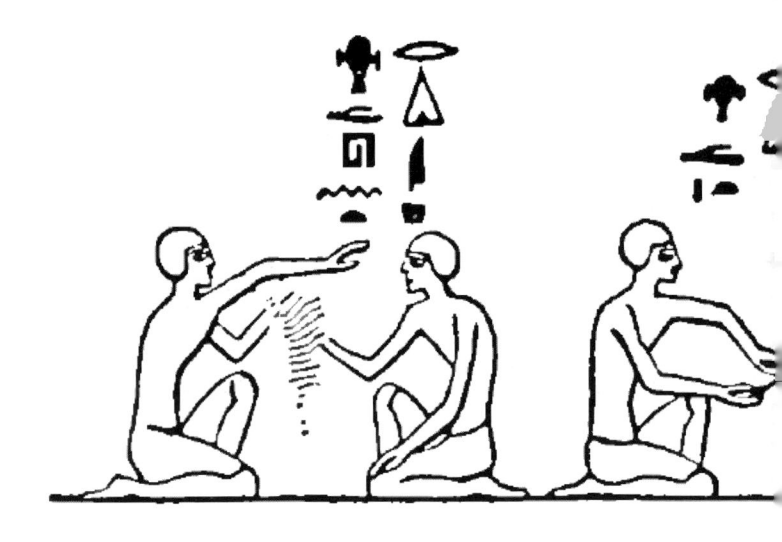

图74 其他室内游戏

图75 木偶

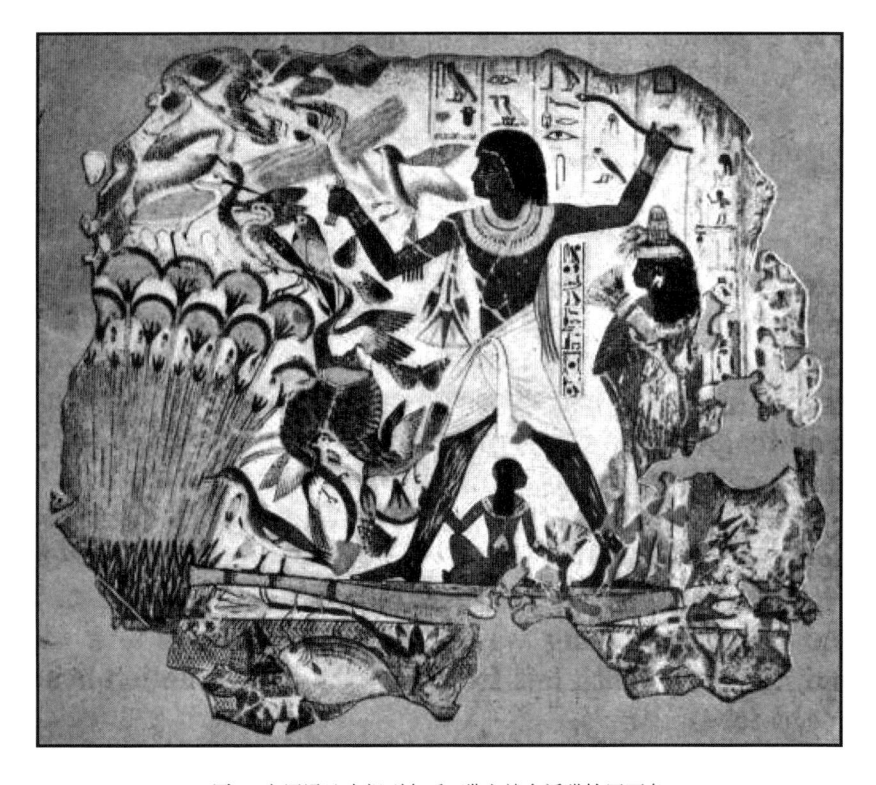

图76 在沼泽地中捉到鸟后,猎人就会派猫捡回死鸟

作响的鳄鱼玩具，他们虽然害怕，但其实心底很欢喜(图76A)。早在几千年前，很多玩具就设计得逗乐、有趣，小孩子们玩起来特别开心。他们通过扯拉木头小人的引线，可以让玩具洗衣、跳跃或做鬼脸(图76A)，逗得大家开怀大笑。

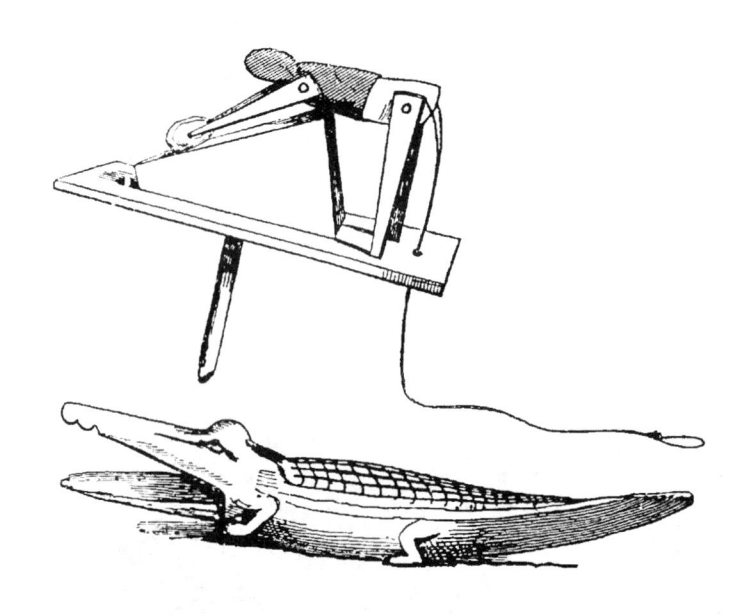

图76A 木头小人和恐怖、逼真的鳄鱼玩具

童年只有短短四年，到了上学的年纪，孩子们不再被叫作"小机灵鬼"了。但儿时，他们拥有"蛋糕和糖果般甜蜜的童年"，这表明在尼罗河谷，他们享受父母的疼爱，如同天底下所有的孩子一样快乐成长。

第5章

建筑——金字塔和神庙

Architecture — Pyramids and Temples

"用红色花岗岩建成金字塔,
石匠们的技艺巧夺天工!"

——《哈珀之歌》(*Song of the Harper*,斯宾塞利翻译)

辽阔、孤寂的沙漠边缘矗立着世界上最古老的建筑；大金字塔（Great Pyramid）坐落在布满岩石的高原上，不仅是人类迄今最宏伟的建筑，也是最完美的建筑。

13世纪，阿布-德尔-拉提夫[①]看到了完美、壮观的大金字塔，其抛光的白色石质外壳在阳光下闪闪发光，从而证明了古埃及人赋予它"光"这个名称的正确性（图78）。很快，黑暗的日子来临了，破坏者们注意到了这座金字塔，并且把它当作采石场，来满足开罗（Cairo）这个日益发展的城市的需要。人们拆毁了金字塔辉煌的石灰岩外壳，用其建造了一座清真寺，留下的边角料后来用于修建公路。

图77 卡夫拉（Khafra）的黑色闪长岩雕像（制作于第四王朝，前4685年—前4619年），他建造了位于吉萨（Gizeh）的第二座金字塔

人们对金字塔的记载比对任何其他古代遗迹的记载都

---

① 阿布-德尔-拉提夫（Abd-el-Latif, 1162年—1231年），生于伊拉克的巴格达，既是著名的医生、历史学家、埃及古物学家和旅行家，也是当时近东地区最多产的作家之一。——译者注

多。有多少著述，就有多少理论。大多数理论都是基于测量结果得出的，由于没有任何两位作者给出的结果是相同的，因此这些理论都相互矛盾且不太可信。霍华德·维斯[1]和皮亚齐·史密斯[2]试图通过科学测量来减少数据的混乱，因此他们的名字被载入史册。后来，弗林德斯·皮特里[3]教授对

图78 "光"金字塔，大约前4748年由胡夫（Khufu，前4748年—前4685年）建造，如今被我们称为"大金字塔"

---

[1] 霍华德·维斯（Howard Vyse，1784年7月25日—1853年6月8日），英国军人和埃及古物学家。——译者注

[2] 皮亚齐·史密斯（Piazzi Smyth，1819年1月3日—1900年2月21日），英国天文学家，1846年至1888年担任苏格兰皇家天文学家。他以在天文学上的许多创新而闻名，并与妻子杰西卡·邓肯·皮亚齐·史密斯（Jessica Duncan Piazzi Smyth）一起对吉萨大金字塔进行了金字塔学和计量学研究。——译者注

[3] 弗林德斯·皮特里（Flinders Petrie，1853年6月3日—1942年7月28日），英国埃及古物学家，考古和文物保存系统方法论的先驱。他与妻子希尔达·乌尔林（Hilda Urlin）一起发掘了埃及许多重要的考古遗址。——译者注

他们二人出色的工作进行了补充。弗林德斯·皮特里教授在数学和机械方面的调查结果已为大众所知。不过,除了工程师或建筑师,没有人能够懂得如何对金字塔面积进行精确的三角测量,这是一项困难而又复杂的工作。一旦懂得这些,人们在某种程度上就会理解古代建筑师宏大的设

图79 "门-卡乌-拉(Men-kau-ra,前4619年—前4556年)的雕像,他是位于吉萨的第三座金字塔的建造者(左);胡夫的雕像,他是位于吉萨的大金字塔的建造者(右)

计风格和精湛的技巧。在揭示金字塔设计的真正目的之前,人类会继续通过提出理论发挥自己的创造力。为了使众人的猜测不至于太天马行空,官方也给出了这座金字塔一些

重要部分的测量值。

大金字塔的面积是756平方英尺[1]，占地13.5英亩。现在的高度是451英尺，但最初高度是481英尺。除了小部分现代高层建筑之外，大金字塔就是世界上最高的建筑了。以地平线为参照物，金字塔的方位指向本来是正南正北，但如今偏向西北4′。这种偏移可能是建筑师的错误，也可能是地极有所改变。后来，天文学家证实地极的位置确实有所变化，大约每千年变化1′。因此，金字塔位置偏移的结论有了合理的解释，即金字塔在建造时，其方位是准确的。金字塔的入口在北面，位于第十九层的铺砌面上方约55英尺的位置，但不在中心，而是在中心以东约24英尺的位置。入口有一个围绕中心轴可转动的枢纽石（图80）。石门关闭时，很难将这块移动的石头与石墙的其余部分区分开来。罗马人都知道这个秘密[2]，但后来，罗马人显然忘了这个秘密；这块石头隐藏得非常完美，一旦错过就不可能再找到。9世纪，哈里发阿尔·马蒙[3]对隐藏于其中的

---

[1] 1平方英尺=0.0929平方米。——译者注
[2] 斯特拉博（Strabo）说："在它侧面的一个中等高度，有一块石头可以移动（取出）。移开这块石头就会看见一个倾斜的通道。"——原注
[3] 阿尔·马蒙（Khalif al Mamun，786年9月14日—833年8月9日），阿拔斯王朝的第七任哈里发，813年至833年在位。——译者注

巨大宝藏的传说感到非常兴奋，决心强行进入里面。他选择靠近地基北面的中心作为入口，结果显而易见，他错过了枢纽石所在的入口。但他毫不气馁，一连几个月都在挖掘坚固的砖石，却毫无结果。这时，工人们突然听到有人

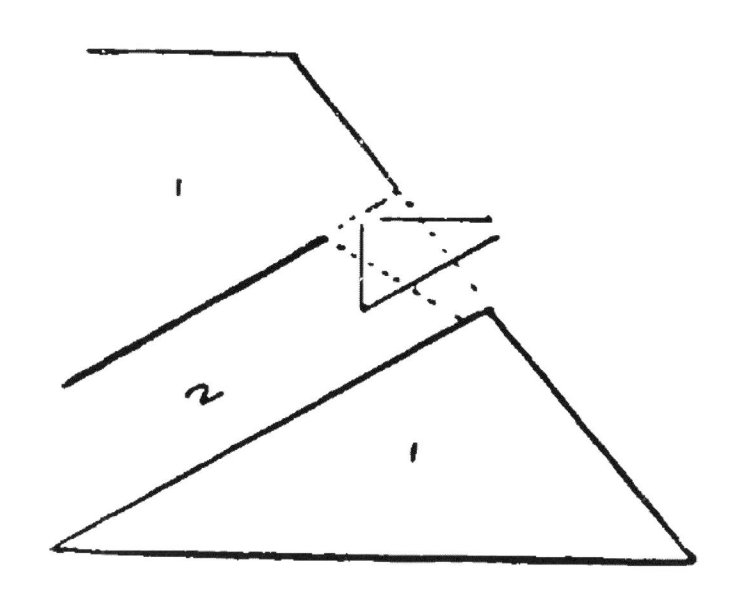

图80 1.金字塔的主体；2.能显示出枢纽石的通道入口

喊"一块大石头掉进了洞里"，然后他们改变了方向，也因此意外进入了主要通道，并且令他们感到惊讶的是，掉落的石头使他们发现了一条完全隐藏起来的、上升的通道。然而，巨大的花岗岩石又堵住了这条上升的通道。阿

拉伯人试图在这里进行挖掘，但没有成功[1]，所以他们就对核心结构（core masonry）中比较柔软的石灰石进行挖掘，沿着堵塞的石块一直挖到最后一个，最终挖出了一条畅通无阻的通道，但毁坏的石头在上升通道和入口通道的交界处留下了一条巨大的深沟。这条巨大的深沟如今叫作马蒙洞（Mamun's Hole），同时是进入上面的通道。

从入口向下走，便是主通道[2]。直接穿过300多英尺的砖石建筑和坚硬岩石，会出现一条水平通道，水平通道止于金字塔中轴线正南方、隐秘的地下墓室。地下墓室还没有完工，地面的石块没有完全清理出来，乱七八糟地堆放在地面上，几乎填满了整个墓室，有的地方离屋顶不到10英寸。地板上有一个垂直的方形竖井，但其作用并不清楚。从这个混乱的墓室往前，有一条通道向南通向"未知之境"（nothingness），另一条通道向南通向"空白"。沿着第二条通道往回走，我们最终到达了这条通道与上升通道的交会处。上升通道由花岗岩建成，越往上，花岗岩越大，通道越窄，

---

[1] 关于金字塔质量的一些想法可能是从老国王的阿拉伯传说故事（引自皮亚齐·史密斯）中获得的，他计算出在他那个时代埃及的所有财富都不能使他摧毁金字塔。但后来才知道它包含8900万立方英尺的石头！并且事实上，霍华德·维斯仅为了测量其面积，就花费了1万英镑以挖掘金字塔，这也让人们对这项任务的规模有了一定的概念。——原注

[2] 形成的角度是26°29′。——译者注

在大约15英尺高的地方几乎被花岗岩堵塞。由于上升通道向上倾斜，挑高越来越低，通行很不方便；最后，上升通道到达一个平坦的着陆点 (landing-place)。上升通道的西侧就是通往地下墓室的竖井的顶部。这个平坦的地方显然是金字塔的核心部分，竖井的第一部分构造就证明了这一点。竖井其余部分是在岩石中挖掘出来的，陡峭而曲折。从着陆点开始，通道分成了两部分：一部分是水平的，通向王后的墓室；另一部分是上升的，成为大甬道 (Grand Gallery)。

图81 位于底比斯的拉美西斯神庙，其主体建筑朝东

王后的墓室由花岗岩建造而成，有个斜面 (sloping) 屋顶，屋脊正好在金字塔中轴线的平面上。墓室东面墙壁上有一个壁龛，供奉着一个古老、传统的"神像"。如今这个墓室

里什么也没留下。但在1236年埃德里西（Edrisi）的著述中，墓室里曾经有一个"空的容器"——石棺。我们没有理由怀疑他的说法。

由抛光的石灰岩建造的大甬道有着非同寻常的建筑结构：它向上倾斜，高高在上，每侧都有一个大约20英寸

图82 菲拉岛（Isle of Philæ）上洪水泛滥期的伊西斯神庙（Temple of Isis）和通常所谓的法老床（Pharaoh's Bed）

宽、不足2英尺高的平台（platform）或工作台（bench）。这些平台上面有钻孔，共28个，有长有短；没有人知道这些钻孔的作用。同样令人费解的是每个钻孔上方墙壁上的凹槽的作用。大甬道的天花板非常巧妙。大甬道墙壁的上部由7层石头建成，上面一层都比下面一层向外突出，从而悬于坡道之上，减少了走廊的宽度，直到最后屋顶的宽度等于坡道

之间地板的宽度。屋顶上的36块石头每一块都是这样安排的，其重量由侧壁承受，因此不会导致整个屋顶由于渐增的压力而滑落。第三层石头走廊的墙上有明显的凹槽，贯穿整个墙面，其作用还不清楚。另一个有趣的地方是，金字塔的中轴线穿过大甬道的南端，标志着从北向南的过渡，越

图83 低水位时的伊西斯神庙和通常所谓的法老床

过南端的大石头，就到达了通往前厅的通道。这块石头有不同的叫法——"台阶"（step）、"高台"（dais）和"宝座"（throne，它可能和台阶一样，上面放置着圣坛），大约有5英尺长，不到3英尺高。大甬道南边的墙与堵塞的石块的距离不到42英寸，但是几乎堵住了大甬道这一端。越过这一端，就会到达一个又低又短的水平通道。在靠近水平通道中间的地方是所谓的前厅

(Antechambe)——这里建筑的结构特点也不为人所知，非常奇特，其奇特之处是墙壁上的凹槽排列得不合常规。前厅的正对面是一个奇怪的障碍物——一个用花岗岩制成的吊闸(portcullis)；吊闸悬在半空中，上方和下方都留有空间，并且其边缘正好插在墙板的凹槽里。前厅的一面墙上有三个凹槽，但没有其他类似吊闸障碍物；需要注意的是，前厅的南墙上有四个垂直的凹槽。

图84 高水位时菲拉岛上伊西斯神庙中的塔式门楼（Pylons）

最后到达法老的墓室。墓室华丽的大厅由磨光的花岗岩建造；除了一个普通的红色花岗岩石棺，墓室里什么也没有。整个墓室遭到地震的破坏，石头之间的接缝被震裂了，屋顶的横梁也被震断了。有两条空气通道(air channels)

通向法老的墓室，但它们总是被沙漠里的沙子堵塞。霍华德·维斯正是在其中的一条空气通道里发现了铁皮碎片。人们对这些奇妙古物的真实性产生了怀疑；但生锈铁片上残存不少货币虫[①](nummulite)化石，它们镶嵌在用石灰石砌成的墙中，因此不用怀疑这些生锈铁片的古老性。法老的墓室长34英尺，宽17英尺，高19英尺，还有一个平坦的屋顶。镶板 (coffer) 长7英尺6英寸，有一个切口槽 (undercut groove) 来固定屋顶的边缘。现在还可以看到用来固定屋顶的钻孔，却看不到屋顶了。

大甬道东墙的屋顶下是一条小通道，小通道通向法老墓室上方的空间。到目前为止，人们已经发现了五个这样层叠的"建筑墓室"(construction chambers)。工程显得很粗糙，石头上有许多泥瓦匠留下的痕迹。上面四个墓室都没有找到入口，但霍华德·维斯从第一间墓室挖了一个向上的竖井。建造这些墓室的目的就是尽量减轻整座建筑巨大的重量，否则所有重量都会压在法老墓室的屋顶上。给这些墓室命名没有多少真正的意义，阿拉伯人的习俗是男人的坟墓是平顶，女人的坟墓是山形顶。注意到这些特点后，阿拉伯人

---

① 古老的无脊椎动物。其壳为石灰质，状如钱币。——译者注

就分别称它们为"法老的墓室"和"王后的墓室"。

对于如此巨大的建筑，埃及人表现出的工艺非同寻常！石块堆砌如此精确无误、严丝合缝，真是一个奇迹。用皮特里教授的话来说，"这就好比最好的眼科医生在工作，只是以英亩为单位而不是英尺为单位"。很多石头重约16吨。石头不仅完美地贴合在一起，而且每一层之间都有一层薄如纱的水泥，却看不见接缝。这显然是一项不可能完成的挑战，但古埃及人做到了！入口通道和王后墓室同样显示出高超的建筑技艺。至于王后墓室之上的建筑，虽然工匠们的工作同样出色，但与王后墓室相比，它们却稍逊一筹。这种状况有多少是地震造成的呢？前厅的花岗岩也没有打磨平整，而前厅上方建筑的封门石机关完好无损。按照建筑惯例，石头被运到现场后，先切割，然后打磨和抛光，最后，它们与建筑物上其他石头别无二致。因此，一些建筑的缺点不可能是地震造成的！这应该与工匠们作业粗心、仓促和缺乏监督有关。也许皮特里教授的推测是正确的，这些缺点是由于最初设计和指导这项宏伟工程的建筑师去世导致的。

对大金字塔各个维度的测量有许多不同的理论，我们不可能对每一种理论都做出评价。事实上，许多理论——

或大部分理论——都是不着边际的猜想或建立在无知的基础之上。要评判这些理论，就要考虑到精确的数学测量。请大家牢记一点，有效结论是建立在事实基础之上的。大金字塔的尺寸以偶数平方肘进行计算——1埃及肘为20.632英寸。

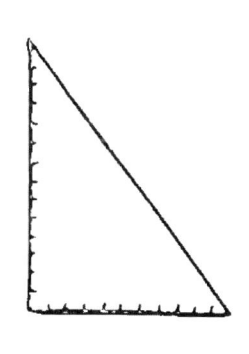

大金字塔的水平长度是11等份，垂直于底的高度是14等份；大金字塔的底座是圆形，其半径等于大金字塔的高度。由此可见，某些几何原理在这个巨大结构的比例中得到了验证：（1）π比，表示圆的直径和周长之间的关系；（2）直角三角形的直边和斜边之间的关系。

图85 金字塔角度，底为11等份，高为14等份

天文学（Astronomy）知识也可以用一些数据来表达：地球到太阳的距离、地球的周长、地球的公转与自转。另外，金字塔与地平面的夹角接近52°，成为地球不可或缺的一部分。金字塔位于北纬30°，入口通道朝向正北，但并不朝向天龙星座（Draconis）的α星。

毫无疑问，金字塔展现了几何知识和天文知识，但错

综复杂的通道、隐蔽的墓室和雄伟高大的纪念碑难道只是为了展现这些知识吗？

熟悉《埃及手稿》(Egyptian Scripture)的人都会认可马沙

图86 位于丹德拉赫(Denderah)的神庙

姆·亚当斯(Marsham Adams)的说法，他指出"光"金字塔和手稿中的"白昼降临"之间存在奇妙的对应关系。这个比喻十分了不起。古埃及人习惯依据这部奇书中的图画来建造他们的墓穴内部，所以建造金字塔的法老很可能不满足于书中的图画，而是把自己的墓穴作为建筑插图(architectural illustration)，建筑插图中充斥着"光"的教义(doctrine of the Light)和隐藏的"奥秘"(hidden Mysteries)。

所有人都认为胡夫是大金字塔建造者（图79）。他是第四王朝的第二位法老，大约生活在公元前4700年。尽管所有历史学家的证据（testimony）都表明了这一点，但仍有一个疑问：在金字塔内的石块上发现了与他的名字相似的人名——克努姆-胡夫（Khnum-Khuf），即使在最隐蔽的地方也能找到这个名字。所以，要么这位法老有两个极其相似的名字，要么他们是两个不同的人，而后者的可能性更大。"克

图87 阿蒙神庙的内景，由拉美西斯二世（前1300年—前1234年）发掘

努姆-胡夫"这个名字更重要，因为他的名字出现在胡夫之前。显然，他先去世了，因为胡夫单独出现的频率更高。在

图88 位于底比斯的拉美西斯二世神庙大厅里的两根柱子

这个偌大的工程中，他们是共同的建造者吗？一些权威人士认为是这样的。但似乎更有可能的是，一个是建造者，另一个是修复者，或者是完成建造框架结构者。有一点可能证实了这一观点，那就是法老墓室里的房梁因地震而断裂，

而一根房梁的裂缝用泥灰盖住了！因此，这一定是后来做的，除非建造者确实放入了一块裂开的石头，但这是完全不可能的。在这种情况下，如果克努姆-胡夫建造它，胡夫

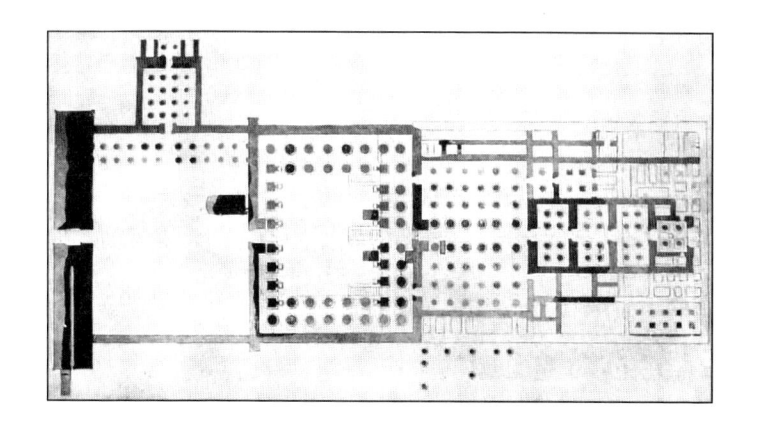

图89 位于底比斯的拉美西斯二世神庙的平面图。第一个塔桥带有通向顶层的楼梯，之后通过大门进入大院。大院的左侧有一个小神庙（temple）。直走穿过大院，从另一个门进入有许多圆柱的大厅。穿过这个圆柱大厅后可以看见几座神殿（shrines），最后是圣殿（Sactuary）。主路从神庙大门直通圣殿，所以在某一天的特定时间，太阳射出一束阳光照到圣殿的墙壁上，因此可以进行精确的观测

就可能修复它（反之亦然），并执行改造的计划，进行结构改造，例如，开挖竖井时采用砖石结构。

除了这座金字塔，没有任何证据表明法老克努姆-胡夫的存在。金字塔是不是坟墓？这座建筑融入了天文学知识

图90 位于底比斯的拉美西斯二世神庙的横断面（Cross-section）

和数学知识；它还是一个建筑寓言，解释"白昼降临"，但这并不排除它是个坟墓，建造它的法老被埋葬其中。其他金字塔无疑也是如此。

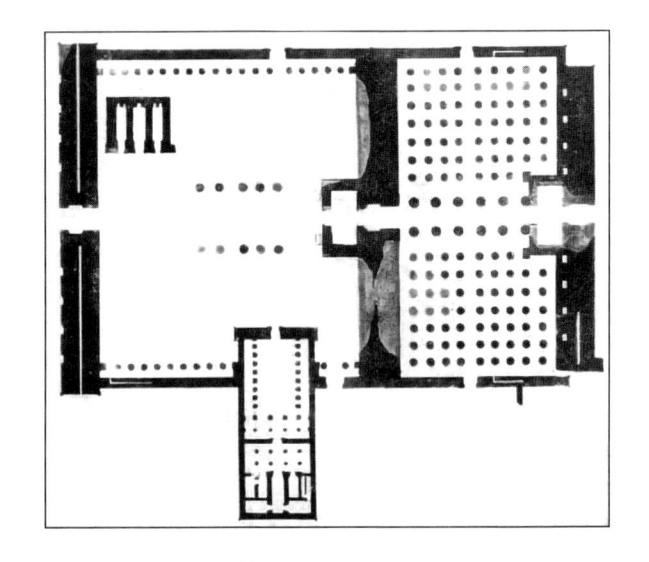

图91 位于底比斯的塞提一世（前1326年—前1300年）神庙的平面图

在这个问题上，埃及人保持了沉默。一些经典作家的说法不一。狄奥多罗斯（Diodorus）说，胡夫被埋葬在一个秘密的地方，以避开民众的仇恨。希罗多德暗示大金字塔是胡

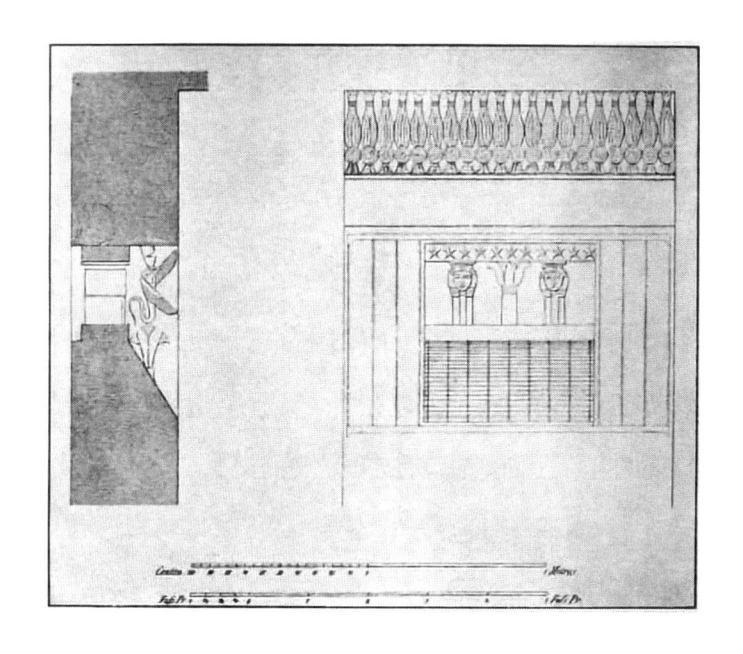

图92 德-埃尔-梅迪内特（Der-el-Medinet）神庙中的窗户

夫的坟墓，并且说坟墓建在一处僻静之地的地下，坟墓的四周有护城河，与尼罗河相通。但两位作家都认为建造大金字塔的目的不可告人。难道每一位阿拉伯作家的证据都毫无价值吗？他们之间有一种不谋而合的共识，即哈里发阿尔·马蒙确实在其中发现了一个非常奇妙的宝藏："一个

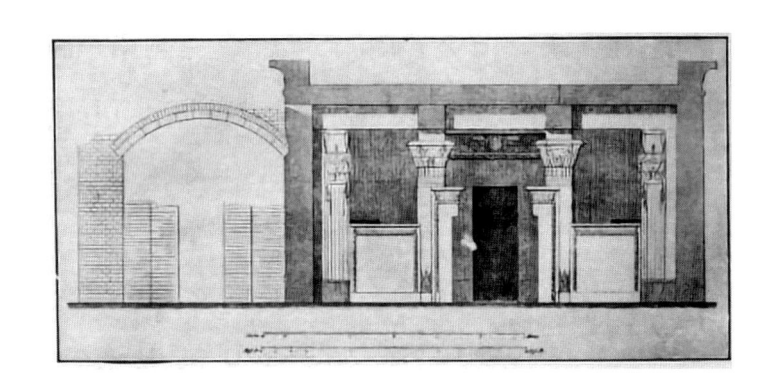

图93 德-埃尔-梅迪内特神庙的一部分

石槽里躺着一个石人，身穿镶有宝石的金胸甲，身旁有一把极其昂贵的宝剑和一个翡翠花瓶，头上有一片像太阳一样耀眼的红玉，上面刻着没有人能读懂的文字。"这个故事很

图94 从伊西斯神庙向南眺望，尼罗河水位正在上升

有可能是真的，这样一个装殓着胡夫木乃伊的石头盒子，可能被运到法老的墓室，放入石棺，作为最后的安息之所。

　　神庙的建筑表现出的特点与金字塔相同，即庄严、宏伟、简朴。同金字塔一样，天文学知识和数学知识也融入了神庙的设计和建造中，这些建筑在设计时都基于正方形，并且有着明确的指导原则。在选定的一块土地上，举行了"拉长绳索"的宗教仪式，用来确定轴线和方向，之后制订计划。"在铺设奠基石和通过四根天柱 (supports of heaven) 精确固定四个角的过程中，'祭司'会朗诵经文。"

图95 卡纳克神庙中柱子的远景

　　一条宽阔的堤道 (causeway) 通往神庙，堤道两侧是狮身人面像，它们形成了一条大道。然后，神庙入口通常摆放着几根高高的、漂亮的旗杆和两座耸立的方尖碑。神庙最大的特点是拥有支架 (pylons) 和巨大的塔楼 (图84)。穿过大门，就到

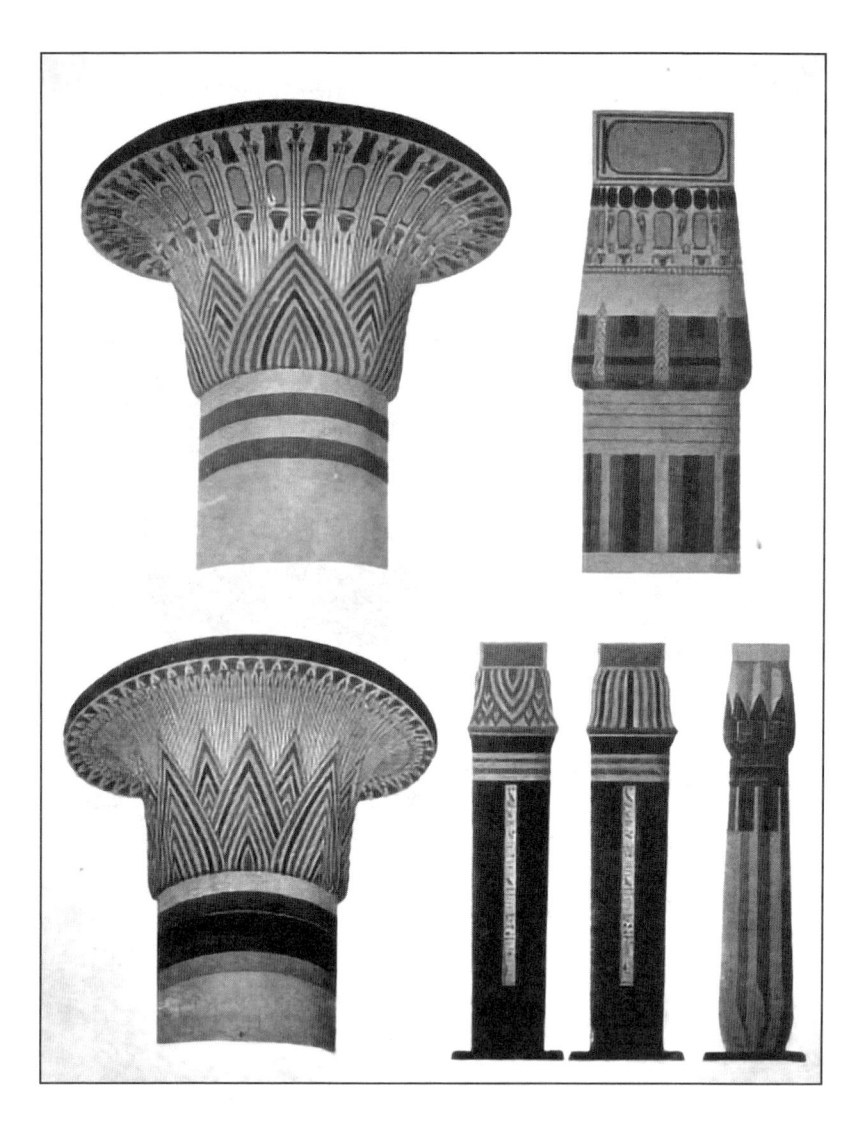

图96 三根柱子，其中一根有凹槽，三个柱顶的颜色都很精致，神庙的大厅里有一座卡纳克像

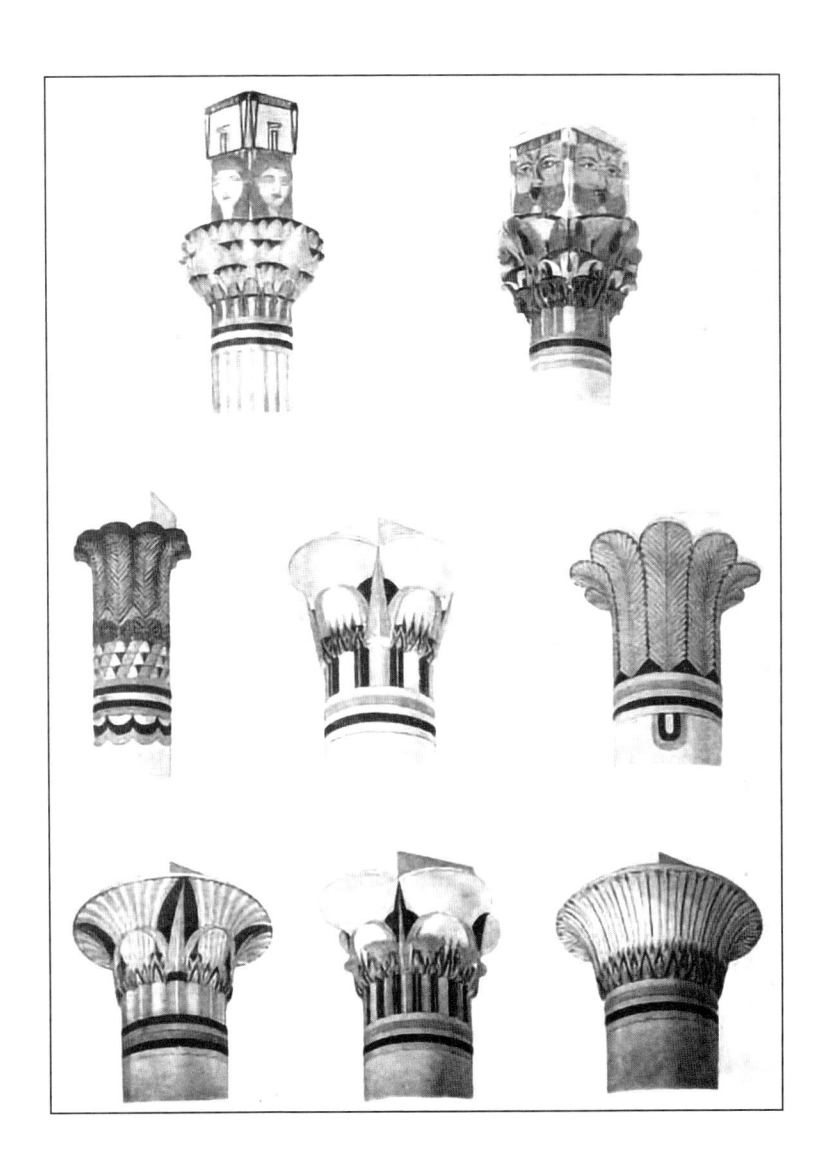

图97 菲拉岛上的神庙的顶部

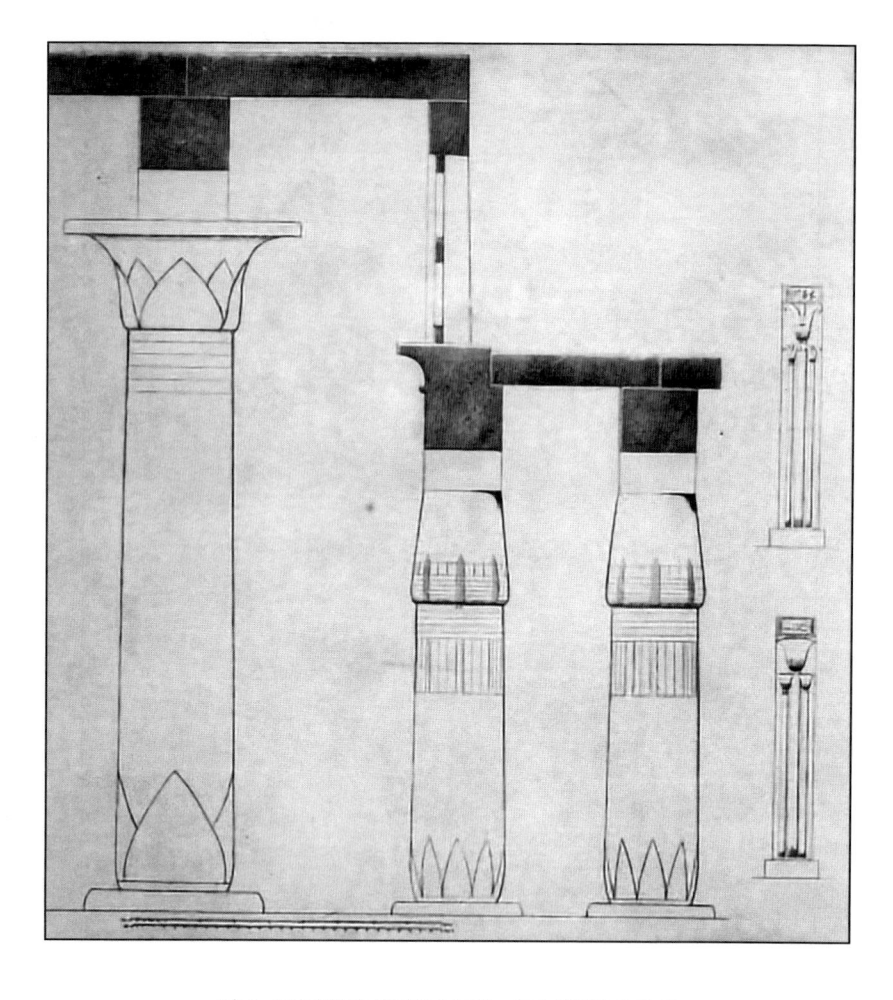

图98 卡纳克神庙的圆柱大厅的一部分及圆柱的外观

图99 卡纳克神庙的圆柱大厅

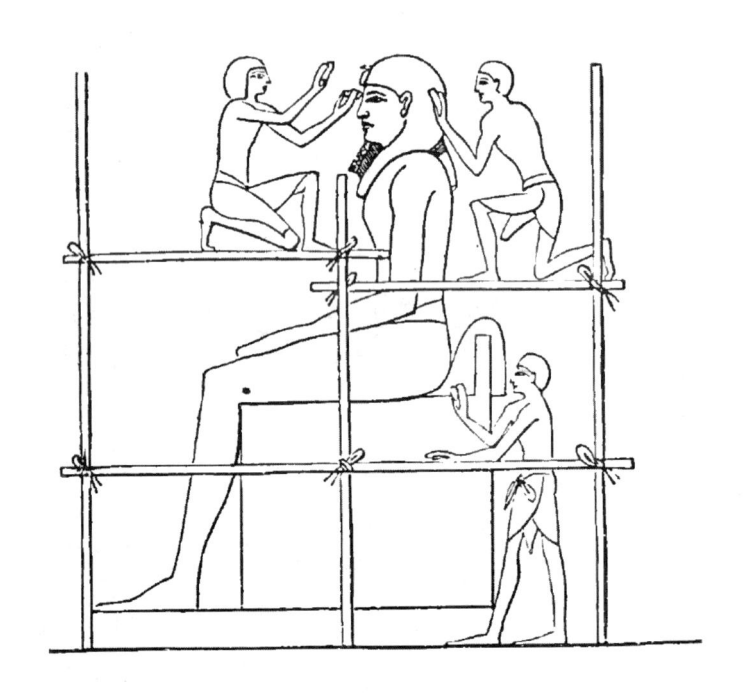

了一个大宫殿，周围都是柱子，然后穿过宫殿的另一个大门，通向圆柱大厅。圆柱大厅一般都很大，高大的屋顶由漂亮的柱子支撑着，圆柱大厅后面是圣殿，只有祭司（必须沐浴四次）才能进入。

图100 巨大的花岗岩雕像（Colossal Granite Statue），周围摆放着轻便的脚手架，方便工人抛光

神庙的外面，阳光灿烂，这里有艳丽的旗杆、阳光照射下经过抛光的方尖碑、巨大的雕像和塔上的装饰。在假日里，人们游览庭院（court）和圆柱大厅。林荫道上，游戏和斗

牛正在进行，人们享受着这里的一切。建筑内部却完全不同：寂静和寒冷的色彩笼罩着一切，凹室朦胧而寂寥，隐秘的圣殿宁静而黑暗。

埃及最早的柱子既有凹槽，又有底座，并且用简单的顶板(abacus)作为柱头。希腊人从埃及建筑中借鉴了这种多立克柱型(Doric)。后来，柱子的高度增加了，柱头有装饰物——通常是莲花蕾，或者是纸莎草，或者是棕榈。与其他

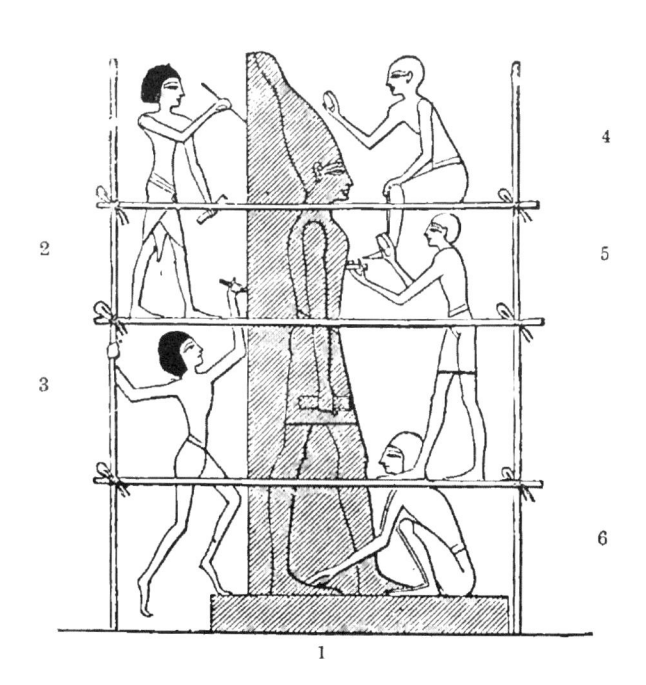

图101 法老的巨型雕像。4和6.工人正在抛光；5.对雕像进行最后的润色；3.正在背面刻象形文字；2.正在油漆已经刻好的象形文字

地方一样，在埃及，对花卉和自然的喜爱影响了艺术。柱子有七节或八节，节与节交会处呈半个鼓形(half drums)。

柱顶的种类繁多，它们经常组合成新形状，展现了丰富的想象力和装饰技巧。有人可能会问，其中是否使用了拱门？迄今发现最早的拱门是第六王朝(The VIth Dynasty)时期的。但埃及人显然没有用拱门来装饰。如此广阔、空旷的景观需要大量修饰物，但又不能违背自然。因此，金字塔建造得十分庞大，神庙的面积也很大。金字塔的外部和神庙的外部整个轮廓是直线型的，而非曲线型的，显得很自然。因此，体积庞大、融入自然这两点成为埃及建筑的主要特征。埃及建筑雄伟、坚实、庄严、朴素，又不失高贵，近乎完美，从未被超越。

第6章

雕塑与绘画

Sculpture and Painting

"两尊雕像……大理石和雪花石膏雕琢而成,出我之手,巧夺天工,栩栩如生。"

"艺术家的智慧尽现于艺术之中。"

巨型雕像符合建筑设计要求，此外，雕刻工艺极其完美，值得高度赞扬。

拉霍特普 (Ra-hotep) 和奈费特 (Nefert) 的雕像（图102）堪称大师之作。两人的表情十分生动：拉霍特普的表情显得很机警；奈费特公主的脸上挂着微笑但又不失威严，显得格外聪慧。

图102 拉霍特普和奈费特的雕像

古埃及现存的艺术品众多。卢浮宫 (Louvre) 的书吏坐像 (图103) 活力四射；吉萨的几座雕像同样引人注目，其中最有名的可能是谢赫–埃尔–拜莱德 (Sheikh-el-Beled) 的雕像 (图105)。这是一

图103 书吏

件非常古老的艺术品，可能和大金字塔一样古老。这件木制艺术品刻画的是一个身材矮小的老人，拄着一根拐杖向

前走着。他的眼睛由黑白珐琅制成，中间有一颗能捕捉光线的银钉，使眼睛闪闪发光，如同真人一般。

在写实雕塑(realistic portrait statues)方面，没有哪一个国家能超越古埃及。这里有孤傲而不失友善的贵族、优柔寡断的

图104 跪着的书吏的头像

大臣、充满活力和富有才干的匠人及冷漠且疲惫不堪的农民。所有雕像都非常逼真，完美地再现了人物的特点。

雕像饰以彩绘，即使是用像雪花石膏或闪长岩(diorite)

等贵重石头雕刻的雕像也不例外。对于一些非常坚硬的石材，诸如常用的斑岩(porphyry)、花岗岩、闪长岩等，雕刻家们在切割、打磨和抛光时也能驾轻就熟，表现出了高超的技艺。毫无疑问，象形文字有助于匠人施展绘画的技巧，字母传达出的活力和生命力本身就是一种装饰，匠人在线描方面无人能敌。雕像和浮雕展示了轮廓和力量的纯粹及造型的精致。

在现代人看来，古埃及雕像的表现方法似乎很奇特，例如，脸部显出侧面轮廓(profile)，身体显露四分之三部分，左肩向前，两肩皆可看到。除了战斗场景或运动员的运动场景，其他雕像很少塑造手势和动作。拉美西

图105 卡裴如（Ka-a-peru）是一位监工，生活在公元前4700年左右。毫无疑问，他见证了大金字塔的建造。阿拉伯人挖掘出了这尊雕像，因为这尊雕像与某个村庄的酋长惊人的相似，所以阿拉伯人称其为"谢赫-埃尔-拜莱德"（即"老酋长"）

斯二世与利比亚酋长战斗的构图和表现手法尽善尽美，无与伦比；正如马斯珀罗[①]所说："用这样的知识来解析这种暴力死亡场面，真是前所未有！"摔跤运动员的肌肉线条得到完美的展示，他们在争取比赛胜利时的神态也被准确无误地再现，充满了生机和活力。

图106 战斗中的塞提一世。法老向前倾身，用弓勒住敌人

---

① 即加斯顿·卡米尔·夏尔·马斯珀罗爵士（Sir Gaston Camille Charles Maspero, 1846年6月23日—1916年6月30日），法国的埃及古物学家，因在1881年的一篇论文中普及了"海上民族"一词而闻名。他的儿子亨利·马斯珀罗（Henri Maspero）是著名的汉学家和东亚学者。——译者注

对动物的塑造同样达到了精湛的技艺。每种动物的个性特征都得到完美地再现：鹿的优雅、山羊的嬉闹及沼泽地中的虎豹盯着猎物的眼神，无不展示了古埃及人无与伦比的学识和技艺。

阿肯那顿统治时期[①]，他曾试图改革艺术与宗教，并且可能取得了不小的成功。其中一些改革，比如露出脚的外部轮廓，以显示出脚趾等，流传至今。

埃及人擅长漫画，其中有许多荒诞、幽默的素描（图110）。

图107 纸莎草茎状柱。这幅画描绘的是哈伊姆-乌斯特王子（Prince Kha-em-uast）在孟菲斯的普塔神庙（Temple of Ptah）担任祭司

墓室上的彩饰看起来很漂亮，几千年前的彩饰仍然光彩夺目。这些古代艺术家是如何在没有光线的地下墓室中成功作画的呢？因为没有发现任何烟灰或褪色的痕迹。我们知道，除

---

① 前1383年—前1365年。——原注

了电照明的方式，没有其他照明方式能确保在墓室作画而不致绘画褪色。如今，火把的烟灰及其他照明方式对这幅精美绝伦的作品造成了破坏；但当这幅作品一开始被发现时，它看起来

图108 书吏

就像艺术家刚刚完成最后一道工序，然后关门离去一样。有人认为，埃及人一定在墓室中用电照明，因为那样的结果必然会导

图109 昆诺姆–霍特普（Knumu-hotep）的肖像，肖像来自木雕的棺材，其脸用黄金打制，眼睛用宝石镶嵌（制作于约前3500年）

致那样的结论①。

几年前，人们发现了一些肖像油画。有些肖像在色彩和技法上十分出色，并且种类繁多。这些肖像惟妙惟肖，人

图110 在下跳棋的狮子和独角兽

物性格和表情都得到完美的再现。其中一幅油画画的是一位庄重的老祭司，表情严肃而不失亲切，脖子上戴着一个金星，由银线串成。老祭司的旁边是一位贵妇人，表情轻浮，身穿红色外套，戴着珠宝首饰；一条金链绾着她乌黑的

---

① 言外之意是，什么样的原因就会导致什么样的结果，同样，什么样的结果也会推断出什么样的原因。——译者注

发髻，脖子和耳朵上挂着绿宝石和珍珠。与之形成对比的是德米特里斯（Demetris）的肖像，她已是89岁高龄了，面容慈爱，满头白色卷发。

图111 阿特—合如（Art-heru）的画像（制作于约前650年）

那个时期的"浪子"也被描绘得很巧妙，眼睛和嘴巴透露出微妙的信息，暗示出"浪子"人物的性格特征。此外，还有对教授的描绘，其中最引人注目的或许是赫敏·格拉马迪克(Hermione Grammatike)的画像，她是有记录以来最早

图112 用石膏塑成的彩绘头像，可能是3世纪希腊人后裔或罗马人后裔的头像

的女教授，她在阿西诺(Arsinoe)讲授古典文学。她五官精致，留着黑色卷发，眼睛凝视着现代世界，目光严肃而坚定。

所有这些作品都是在装饰板或画布上完成的，也可能是用蜡制作的，在蜡熔化时再用刷子涂上颜色，然后放入装有木乃伊的盒子里。有时，木乃伊的上面放置的不一定是画，而有可能是一个镀金的铸模。

图113 阿蒙神庙（Temple of Amen）守门人的女儿内西·孔苏·帕赫瓦特（Nesi Khonsu Pa Khvat）的棺材。棺材上的题词来自《亡灵书》（*Book of the Dead*）（制作于约前740年）

图114 发掘于法雍（Fayum），制作于约200年的画像。石膏盒子的表面有镀金并绘有宗教场景，上面的题词是："啊，阿耳特弥多鲁斯（Artemidorus），再会。"

在一些画作中，画家用在画布上涂灰泥的方法，营造出柔和的效果。此外，还发现了一些水彩画。

第7章

科学——工程技术

Science — Engineering Skill

"城里所有的居民都在欢呼。
这是非常壮观的景象。"

这个古老的民族的确有着非凡的科学造诣。他们主要关注两个问题：一个是艺术，另一个是技术，即对国家迫切的需求提供解决方案。最后，他们成功解决了这两个问题。他们控制巨石的能力及在水利工程方面的成就至今无人超越。

　　同现在一样，当时国家的繁荣依赖尼罗河的定期泛滥，即使在最遥远的时代，运河系统也开被凿得井井有条。干旱的沙漠虎视眈眈，随时吞没未经河水滋养的土地。这种持续不断的威胁激发了人类的聪明才智，以对抗不断入侵的沙子。运河和堤坝组成的网络覆盖了整个国家，以调节和重新分配尼罗河的溢流。河堤沿着河道延伸，运河将河水引入内陆。主要堤坝之间分布着纵横交错的二级堤坝或三级堤坝，将土地进一步切分为一个个凹地。6月，洪水来临；到了8月，开闸放水，洪水过后，良田一片。大水在遇到堤坝时会停止向前，直到没过土地，然后穿过堤坝，流入下一片土地，如此重复，等到水完全没过每个凹地，整个国家看起来就像一个巨大的湖，四面八方都有堤道贯穿其间。

　　古埃及人的冬季工作主要是建造和修缮堤坝，其中重要的堤坝是用凿好的石头砌成，其他堤坝用砖块和泥土修筑就足够了。修筑堤坝的工艺必须是所有工艺中最好的，这样才能更好地抵抗洪流的冲击。此外，洪水泛滥期间，这些纵横交错的堤道成了各村之间唯一的陆地交通线。实际上，准确测量堤坝高度的常用方法是测定法(mensuration)和勘测法(surveying)，堤坝的高度和内河水位的高度相一致；地势起伏，大地逐渐向沙漠倾斜。堤坝高度从12英尺到15英尺不等，并且洼地上修建了拱门和桥梁。距离沙漠最近的洼地自然是洪水最先淹没的；靠近河流的高地由于洪水无法漫过，所以不得不利用水利工程来进行有效的灌溉。古埃及人严格管控供水，以便让各地平等受益。守卫在堤岸上巡逻，不仅为了保护堤坝和调控水流量，还为了防止非法开闸放水。破坏水坝是严重的犯罪行为，会受到国家的惩罚，也会受到神的惩罚。《亡灵书》中的审判场景就说明了这种现象，一个灵魂否认对这种邪恶行为的指控："我没有让水倒流，也没有切断水的通道。"在这样的国度，政府会严惩罪犯，然后把他们发配到矿上做苦工。这是一个明智的规定，因为如果洪水一旦失去控制，可能致使整个地区淹没，村庄遭到摧毁，很多人会失去生命，牲畜也会受到伤害，给百姓带来不可估量的损失。

千百年来，尼罗河的洪水泛滥年复一年地发生，地上沉积了一层又一层的黑泥，使整片土地的海拔逐渐升高，比城镇和乡村的海拔还要高。不过，古埃及人会不时地将村庄挪到高于洪水水位的地方，从而解决了村庄可能被洪水淹没的问题。据史料记载，布巴斯提斯（Bubastis）遗址曾是一个重要的大城市，后来被迁移到了萨巴贡（Sabakon），成功地实现了城市迁移。

在洪水泛滥影响不到的田地，供水方式也很简单。首先开凿运河，利用运河将水尽量输送到远处，然后搭建桔槔。这是一种汲水设备，由一根长杆和一个桶构成，运用了杠杆的原理。如果农田的海拔较高，则可搭建一连串的桔槔平台，汲水层层递进，从最低的桶里的水倒入较高的桶里，以此类推，直到到达位置最高的农田。古埃及人偶尔会用水轮代替桔槔，这是根据起锚器（windlass）和绞盘（capstan）的原理设计的。

图115 现代的桔槔

普林尼提到了一种脚蹬的灌溉机械。虽然它的工作原理很难想象,但《申命记》(Deuteronomy)第十章中提道"埃及……你播下种子,以脚浇灌"。

这些方法在农作物需要照料时被普遍使用,如果洪水泛滥不足以灌溉农田,这些器械就成了最后的救命稻草。

人们仔细观察了尼罗河,并用专门的水位标尺准确测量了其涨落的情况。在象岛(Elephantine),一处台阶从高处延伸到河中,台阶的两侧是两面墙,其中一面墙上有刻度,记录了河水水位在不同时期的高度。

官员们记录了水位的变化并将结果公布,并且根据这些信息,确定开闸放水的时间。水的深度、水在地表停留的时间及耕种面积决定了粮食的产量,进而决定了粮食的价格。书吏和测量员基于同样的信息来评估农户应缴的税。

埃及人在修筑水渠方面展现出了非凡的才能。他们修筑的水渠比著名的苏伊士运河(Suez Canal)早好几千年。他们开凿了各种盐湖(Bitter Lakes)和陆地与红海之间隆起的地面,然后把这些湖和已有的运河连接起来,而这些运河又连接着瓦迪图米拉特河(Wady Tumilat)和尼罗河。在拉美西斯二世的统治下,地中海和红海之间的水上交通实现了。但不久,这条水上通道就被淤泥堵塞了。法老们一次次组织清淤,但这条水上通道最后还是被沙漠掩埋了。现在，沿着现代运河的平行路线，我们仍然可以追踪到当时部分水道留下的痕迹。

在法雍，有一个占地66平方英里[①]的巨大水库，叫莫里斯湖(Lake Moeris)，该湖是由一位古代的法老莫里斯所建并用其名字命名的，但他生于何朝何代我们并不清楚。堤坝至少长20英里，并设有多个水闸。人们把堤坝的名字与阿蒙涅姆哈特三世(Amenemhat III)的名字联系在一起，但传统上人们仍把这一工程归功于法老莫里斯[②]。

这个巨大的工程可以与现代的阿斯旺(Aswan)大坝媲美，但它至少在五千年前就开始规划和实施了。法雍也从一个贫瘠、荒芜的不毛之地，变成了名副其实的"伊甸园"(Garden of Eden)。河岸两边是郁郁葱葱的葡萄藤、橄榄树和石榴，凉爽的空气中弥漫着柽柳(tamarisk)、含羞草和鲜花的香气。在高地上，茂密的埃及榕树(sycamore)和金合欢树(acacia)遮挡住了强烈的阳光，在一天中最热的时候为人们带来了宜人的荫凉。这里成了第十二王朝法老们最喜欢的度假胜地。法老们最初到这里来主要是为了狩猎和捕鱼，后来他们建造

---

① 1平方英里=2.59平方公里。——译者注
② 许多埃及古物学家认为莫里斯就是阿蒙涅姆哈特三世。——原注

了许多城镇和神庙，死后就葬在了附近。山林和沙漠中的野生动物种类繁多，沼泽地是河马和鳄鱼的栖息地，为皇室猎人和宫廷提供了极好的娱乐之所。湖和运河里盛产鱼类，这是一笔巨额的收入，这些收入也成了埃及王后们不动产（real estate）的一部分。

但所有这些成就在美尼斯①(Menes)大胆的创举面前都变得微不足道。美尼斯统一埃及之后，决心建立新的首都。他决定在尼罗河河床的位置选取首都的新址，那时的尼罗河道靠西。为了完成这一创举，他将尼罗河向其以东更远的地方改道。这一壮举确切证明了埃及人掌握的数学知识和工程技能。尽管现代有许多伟大的工程壮举，但没有任何成就能够和这些古代法老的惊人作品媲美。

我们考虑这个民族在另一科学分支——机械学方面取得的丰功功绩时，不得不惊叹他们在采石、运输和建造大雕像及方尖碑时展示的高超的技术和丰富的知识。他们到底是如何做到这些的，至今仍是个未解之谜。

毫无疑问，建造金字塔时使用了斜面，建造大金字塔所用的石灰石一部分来自高原，另一部分来自尼罗河对岸

---

① 埃及法老，建立了统治埃及的首个王朝。——译者注

12英里的采石场。斜面的遗迹仍然可以在河流两岸找到，深深的凹槽显示出在路上拖曳重物的痕迹。

希罗多德告诉我们，从采石场到大金字塔的路花了十年才铺好，这条路是用磨光的石头铺成的；每向前25英尺，它的高度增加1英尺，直到尽头为止。坡度很平缓，如果给滑道涂上大量的润滑油，那么抛光的石面几乎不会产生摩擦力。搬运大石头时，很可能使用了人力拖拉，因为可以训练多人一齐用力；用牛运送这些石头很有必要，但不可能训练几头牛同时用力。此外，这些石头价值不菲，并且处理石头时需要特别的智慧。

几处纪念碑上的铭文描述了当时的运输情况，也从另一方面证实了人力拖拉的可能。拉美西斯四世命令阿蒙大祭司运送制作纪念碑的石块。运送石头的军队除了指挥官，另有5000名士兵、800名雇佣兵及2000名奴隶；此外，艺术主管人尼希特·阿蒙(Necht Amen)带队，他的手下有3名石匠师傅、两名画师、4名雕刻师和130名石匠。

文字的描述可能显得平淡无奇，但这尊巨大的王子雕像(图116)一定能震撼你的心灵。在插图中，我们可以看到一个巨大的雪花石膏雕像被置于雪橇之上，用绳子固定着，绳子与雕像接触处嵌入皮革，减少了对雕像的摩擦。经计

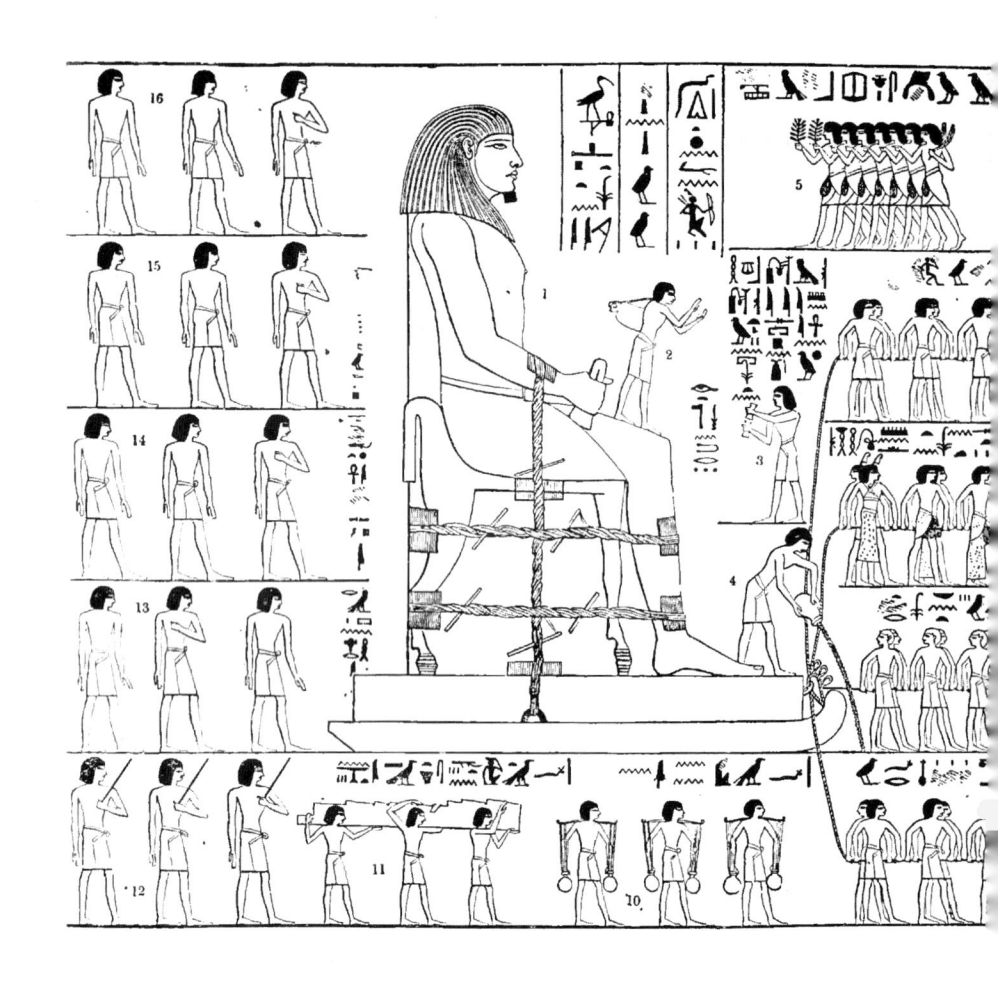

图116 从采石场运来的杜特霍特普（Dhut-hotep）的雕像，由东方的雪花石膏雕刻而成，高约20英尺

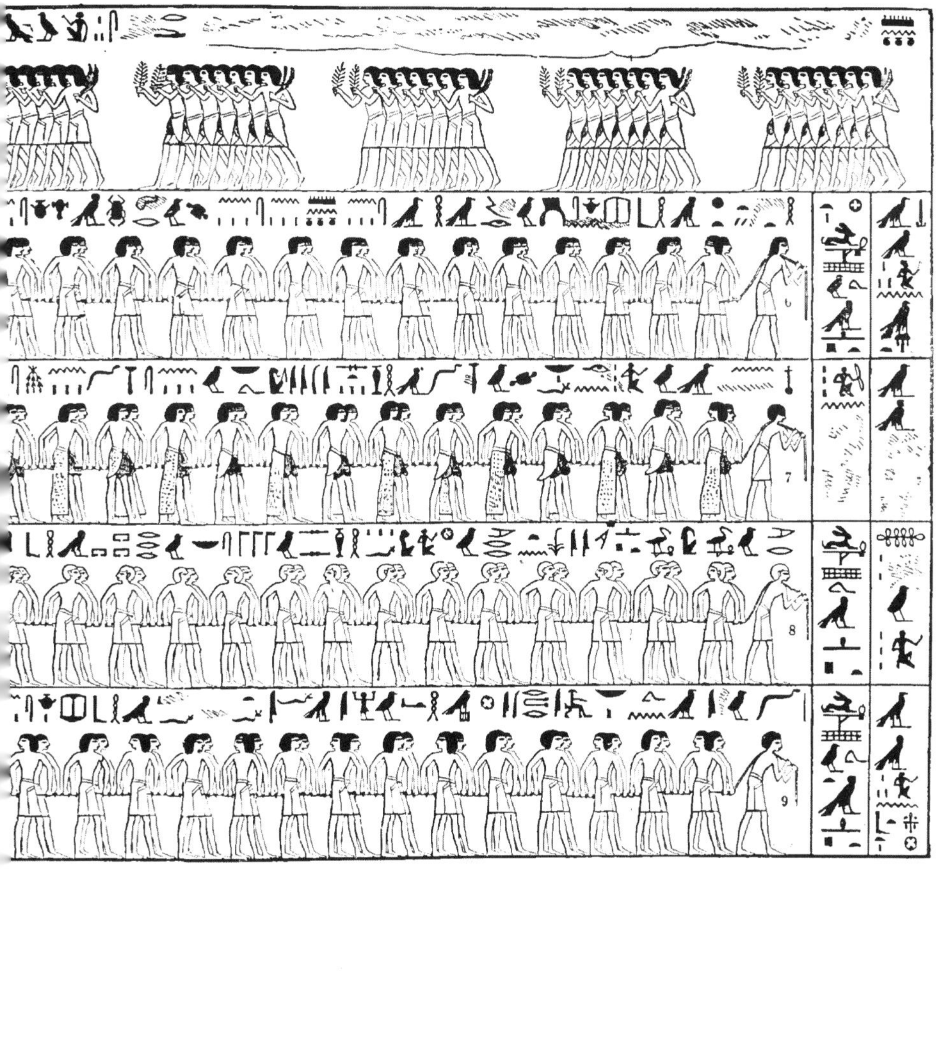
6
7
8
9

算，这尊雕像重约140吨。雪橇的前面系着长绳，172名工人拉着绳子。为了确保工人能同时发力，一位监工站在雕像的膝盖上拍手发出信号，而雕像的前面则有一人手持小鼓打着重复的节奏指挥大家同时拉绳子。另有一人站在地上不断倒油，挑着油桶的人在一旁走动。还有人抬着开槽的梁(notched beam)，然后将它放在道路的坑洼处，以防止滑行装置发生侧滑。巴伯(Barber)对此做了分析，他认为拖走这样一块巨石，需要1980名工人。在插图中，可以看到雕像后面的12人，这也许表明使用了12×172(2064)名工人，这一总人数只比巴伯估计的多84人。

　　金字塔越高，坡度越陡，往上堆砌石头的难度就越大，所需要的工人数量也就越多。当然，上面介绍的方法可以实现在一两百英尺的高度内完成石料运载；但金字塔的垂直高度近500英尺，因此，为了使道路在可拉动的角度范围内，就有必要将堤道起点设在6000英尺以外的斜面上——该斜面令人难以想象！这种疯狂的理念另有其他事实可以证明。大量工人同时劳作时需要一定的空间，而金字塔的特点是，随着高度的增加，面积就变得越小；因此，在达到一定的高度后，这种方法就没了用武之地，必须另寻其他方法。在灌溉农田时，人们会使用各种各样的桔槔；人们还了解转轮、绞盘和单滑轮的使用方法；这些工具或单独使用，或组合使用，都可以吊起石头，最后用杠杆和手锥（hand spikes）将石头放到指定的位置。金字塔外层的很多巨石重达15吨左右，这样就产生了另一个大难题，要怎样把整块大石头运上去呢？希罗多德给出的答案是，金字塔是自上而下建造的："他们用短木棍做成的机器升起剩余的石头，从地上抬到第一层台阶上，然后再放到第一层已经准备好的机器上，依此类推，机器的数量与台阶的层数相等。"我们不知道这些"短木棍"器械的构造是什么样的，也不知道它们使用什么样的动力。

雕像用的石头比金字塔用的石头重很多。拉美西斯二世曾用玫瑰花岗岩（rose granite）为自己建造了一座重达九百吨的坐像，而采石场和这座雕像相距150英里。拉美西斯二世又在塔尼斯（Tanis）为自己建了一座雕像，仅大脚趾就相当于一个人那么高，雕像重达千吨！阿蒙霍特普三世（图117）的巨大头像现在存放于大英博物馆（British Museum）。这位骄傲君主的两尊巨大雕像如今仍看守着底比斯平原（图118）。两尊雕像分别重800吨和1000吨，根据雕像上的碑文可以知道他们由八艘船运送到此："两尊雕像被运到底比斯并放置在这里，这是一件令人高兴的事。"

图117 阿蒙霍特普三世的黑色花岗岩大头雕像(制作于前1414年—前1383年的第十三王朝)

图118 阿蒙霍特普三世的巨大雕像,希腊人称为"门农",传说雕像会在"黎明时歌唱"

根据希罗多德的记载，在三角洲的布托（Buto）有一座只用一块石头建成的神庙，其高、长、宽都是75英尺，呈完美的立方体；它的重量在5000吨到6000吨之间，由红色花岗岩建造而成。但这种花岗岩的采石场在阿斯旺，也就是埃及的另一端。那么，这块石头是如何运过来的呢？

方尖碑的建造更加困难，其体积庞大，重量惊人，对它的平衡性和稳定性要求更高；而巨石细长，容易毁坏，运输也就更加困难。现存的方尖碑中最高的一座靠近底比斯的卡纳克神庙，其高度超过107英尺，重约300吨；虽然采石场距离这里只有138英里，但如果把石头运送到赫尔莫波利斯，就要穿行800英里！普林尼还讲述了一个小故事，说拉美西斯二世为建造方尖碑，雇用了两万

图119 位于赫尔莫波利斯的塞努赛特一世（Senusert I）的方尖碑，上面刻着他的所有头衔

名工人，足见巨石的珍贵。"拉美西斯担心工程师调不好器械的功率来升起巨石，就下命令把自己的儿子绑在巨石顶上，以保证纪念碑的安全！"这是一个有趣的传说，因为其中特别提到了机器。

方尖碑上的铭文显示，运送方尖碑的工具是驳船(barge)或轻型船(lighter type)，它们顺流而下，将方尖碑运至目的地。石材的开采只用了7个月，之后石材被运输到135英里之外的卡纳克，竖起了这两座纪念碑！

有确切的事例表明，在有限的空间中，当寻常、简单的方法行不通时，就必须使用机械工具。在埋葬"圣牛"(Sacred Bulls)的地方，墓室的两侧放置着巨大的石棺，石棺沉入地下三英尺到四英尺（图123）。由于墓室只比石棺宽两三英尺，所以没有足够空间用杠杆进行操作。巴

图120 卡纳克的哈特谢普苏特（Hatshepset）方尖碑，高90.6英尺

图121 法老哈特谢普苏特（Hatshepset）（前1503年—前1481年在位），她是代尔巴赫里（Deir-el-Bahri）大神庙和不少方尖碑的建造者

图122 阿蒙霍特普三世的坐像

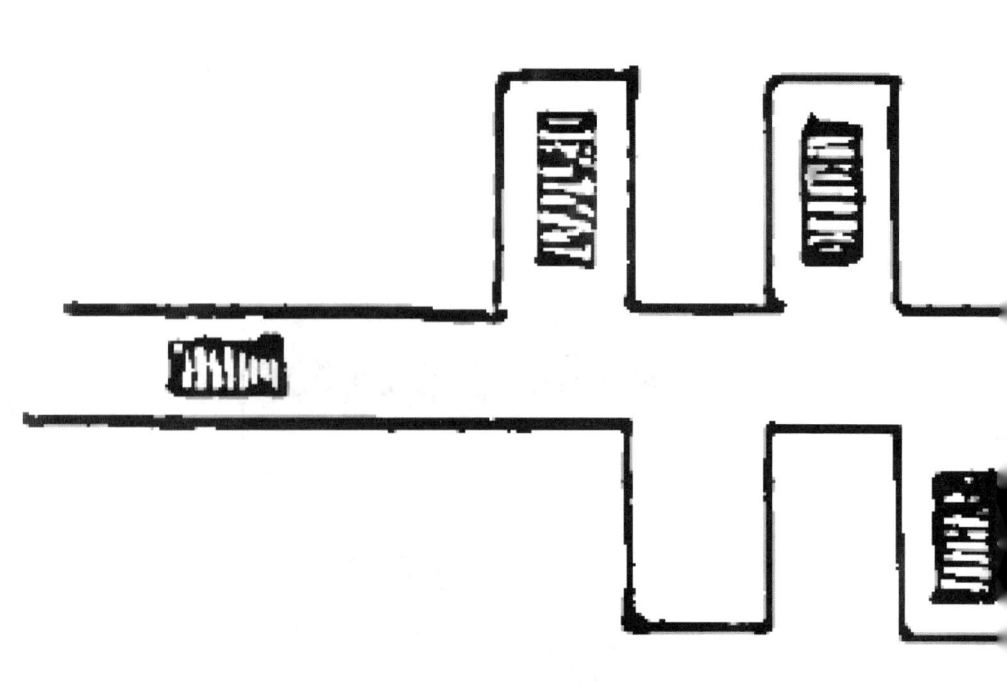

图123 塞加拉(Saqqara)"圣牛"石棺的地道和墓室平面图

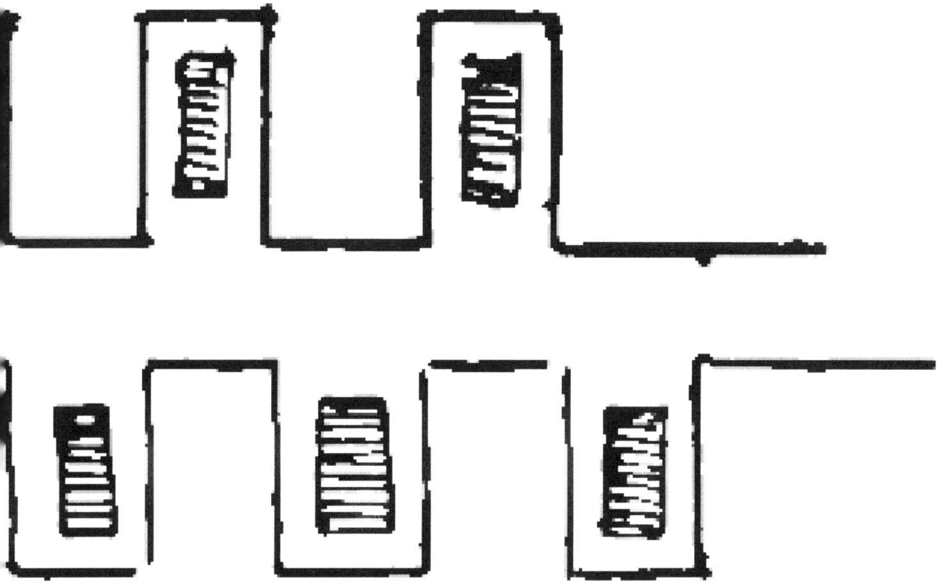

伯指出，墓室中的石棺位置并不是对称的，另外，"考虑到使用机械的整个环境，有确切的证据表明，当时人们以实体墙作为依托，使用了螺丝钉(screw)或液压千斤顶(hydraulic jack)"。

近年来，有总督(Viceroys)试图把一个巨大的石棺运到开罗博物馆(Cairo Museum)，但由于地道堵塞，而又无法解决器械方面的难题，所以就没有运走。人们一直在炫耀所拥有的先进的机械和科学技术，但不可否认的是，从埃及运来的每一座方尖碑在运输和重建过程中都遭到了破坏。

我们也许不知道这些宏伟的纪念碑是怎么建造的，但大师们能够用金字塔来证明科学事实，用石头来展现天文学真理，就足以证明他们充满智慧，并且能将复杂的知识运用到实际中。所有证据表明，他们具有一定的机械知识，并掌握了使用的技巧。

3世纪，随着基督教的确立和古埃及宗教的废除，这些巨大的纪念碑变得不再重要；由于古代宗教的中断，建造纪念碑的知识也随之消失了，但在建造纪念碑的基本原则失传之前，希腊人保存了这些知识，"黑暗时代"过去后，欧洲可以重新利用。

毫无疑问，这些知识在任何时候都对外保密，它们由专门的祭司小心翼翼地保存下来。卜塔大祭司（High Priest of Ptah）是"能工巧匠的首领"和"雕塑和艺术品的负责人"（图16），并且伟大的艺术家都是卜塔的祭司。因此，知识作为一个团体的秘密被保存下来。这就解释了为什么纪念碑上没有描述其制作的方法。事实上，这种情况有点儿像西方中世纪的行会（Mediaeval Guilds），行会通过其成员所掌握的建造技艺，创造了美轮美奂的大教堂；我们注意到，碑文中一次次提及"石匠三大首领"，这就更印证了两者[①]的相似性。

---

① 即古埃及的祭司团体与中世纪的行会。——译者注

第8章

医 学

Medicine

"每位医生都拥有超过常人的学识。"

——荷马

同其他科学领域一样，古埃及人可以被视为医学的先驱。医学讲授和实践的原则无疑奠定了现代科学的基础；事实上，直到18世纪，西方医学水平才超过了古埃及，而古埃及早在耶稣诞生的三四千年以前就已经达到了这一水平。

当医生取得完全的行医资质后，他们会选择主攻某一方向，成为专科医师，为了积攒经验而投入大量的时间和精力。所以，当时埃及医学院的名号享誉整个文明世界是有道理的。阿米安·马赛林（Ammianus Marcellinus）告诉我们："对医生来说，能在埃及学习就是最好的行医推荐信。"因此，有传言说，如果其他国家的皇室成员感染了疾病，该国的使臣会立即奉命前往埃及，带回一位医术精湛的医生。另外，古埃及的医生在罗马享有盛誉，居鲁士和大流士的宫廷里也流传着他们的美名，就连《着魔的比赫特公主》这个迷人的故事也是以此为主题——一位国王因女儿的病情而忧心忡忡，经过重重困难后，寻得一位出色的埃及医生，最终医生凭借高超的医术救了这位可怜的公主。

执业医生的薪资由政府发放，因此他们可能走向"公共卫生"的岗位，其他医生会收取咨询费和出勤费。人们将医生在解剖学、生理学、药物学、外科和治疗学等方面的学识称作"医生的秘密"。显然，这个行业是秘密的，类似于中世纪的行会。不过，确切地说，它更像中世纪的大学，行会与大学比较接近，从本质上看，医生行业和大学都是研究性的。

在我们看来，医生表达解剖学的术语尤其奇特。他们似乎对骨骼有足够准确的认识，并能成功治愈骨折。他们已经对胃、肠、脾、心脏的位置和功能有了全面的了解；他们还了解到大血管从心脏出发，然后通向身体的各个地方。"心脏是身体的中枢，从心脏发出的血管通向所有器官。因此，无论医生把手放在额头、后颈，还是放在手腕，他所触碰的地方其实都与心脏相连，因为从心脏发出的血管可以通向所有器官"①，所以这就证明，脉搏跳动是可以感受到的，同时说明古埃及人已了解了血液循环的原理。成对的血管存在于乳房、腿部等躯体的外在部位，也存在于头部和内脏器官。"生命之气"通过鼻子吸入人体（"生命之气"似乎是对氧气最恰当的描述），与血液混合后，通过心脏输送到身体各处，维持身体的机能和运转。然而，"死亡之气"同样能进入人体，严重妨碍血管的工作，令血管堵塞、发炎，从而引起各种疾病。医生就是通过这种原理来为患者治病的，换言之，如果

---

① 《埃伯斯纸草纪事》(Ebers papyrus)。——原注

图124 医生卢-埃姆-赫普特（lu-em-hept），其名字的意思是"为和平而来"，他是卜塔之子

不这么做，血液中的"生命之气"就会逐渐消耗完，导致血液凝固，最终患者会因缺氧而死亡。

然后，就像目前的做法一样，医生接诊后，首先会打量患者，接下来询问患者相应的症状问题，然后把脉(fell the pulse)，当然，在必要的情况下也会检查患者身体，最后才做出诊断，开药方。

下面是一个穷人患胃病的例子[①]。确诊之前，所有关于该病的特征都被记录下来了："腹部下坠、胸口疼痛、心跳剧烈并伴有灼烧感，就连身上的衣服都对患者产生压迫感，使患者几乎无法支撑下去。另外，患者晚上会感到口渴，他的心脏出了问题。患者的肌肤失去了敏感性，这是生病的典型特征。如果医生只是一味满足解决这些表面的症状，那么他不会解除病人的痛苦。所以他会对患者说：'肚子里有积水，会造成心脏方面的疾病。不过，我会帮你治疗。'"

虽然对病症的表述不同，但在做出诊断之前或者使用治疗方法之前，医生都会仔细分析病症，这同现代的方法基本相同。

同样，治疗方法在许多方面也都很先进，并且操作简

---

① 《埃伯斯纸草纪事》。——原注

单：医生会经常提醒患者注意身心健康，规律饮食，防病胜于治疗！当时所用的药物主要从植物中获取，所以研究植物学和熟悉多种草本植物的药性对古埃及医生来说十分必要，因为这些草本植物可以作为药品使用。虽然前文提到的大多数植物到现在都无法识别，但车叶草、棕榈、金合欢、无花果、橄榄和大枣等果实确实被使用过。不同的病症适用不同的剂型，如饮剂、吸入剂、热敷剂、油膏、擦剂和膏药等。

医生开药方的方法和我们非常相似。"取某某材料，每种材料有一定分量，然后加水煮沸，使之均匀混合，以其热敷四次即可。"

在书的空白处，我们发现细心的医生还做了相当有趣的笔记，"注意，这才是真正的治疗方法"，或者"太好了！我用这种方法治疗，屡试不爽"。

他们所用的矿物药品有明矾、硝石、盐、硫酸铜、胆矾及其他无法识别的"矿石"。其中，最后一种药品有非常显著的特性，叫"孟菲斯之石"，可以涂抹在伤口上，当麻醉剂使用，从而使复杂的手术变得简单。从某种意义上来说，他们确实比西方先发现麻醉剂，因为存在一些记载使用麻醉剂的例证，其真实性毋庸置疑。此外，普林尼告诉我们，在特洛伊(Troy)献给海伦(Helen)的草药中，有一种叫忘忧草，"能使人忘却悲伤"。

除了蜂蜜和牛奶，很少用动物身上的成分入药。不过，书中提到了蜡、胆汁和雄鹿角，并且最后一个让我想到了我们使用的鹿角。除了这些对身体有益的草药、矿物药品和动物成分药品，我们还发现了一些药方，幸运的是，这种药方用到的地方很少，它主要是由一些令人作呕的材料制成，比如各种动物的排泄物、龟脑、蜥蜴血和蛇的脂肪等。看到最后，我们发现它只是作为药膏涂抹，我们才松了一口气。17世纪(甚至在今天偏远的农村地区)时，人们也会把动物的排泄物和其他药材混合，用作外敷，所以人们对这样的治疗方法极其重视。

不过，除了病情比较严重的病例，医生的工作还是比较轻松的。当时的妇女和现在一样都有一颗好奇之心。孕妇想知道即将出生的孩子是男是女；宫女想要新化妆品来改善肌肤；头发灰白的官员想求一种药剂，能变回原来的发色。这时，他们会立即向德艺双馨的医生求助，因为他们知道医生会乐意帮助自己。

第9章

科学——天文学

SCIENCE — ASTRONOMY

"掌握太空的奥秘。"

————

人们想要全面了解埃及人对天文学的掌握程度实属困难。有关天文学的书籍已经散佚；这些天文学书籍记录了恒星的位置、太阳和月亮的交点、光照时间、月相 (phases of the moon) 及太阳、月亮和星星的升起。经典作家一致认为埃及人的发现和记录非常古老，甚至比巴比伦人的记录更早、更精确。埃及人关于日全食和月全食的记录可以追溯到两万多年以前。

人们可从天文现象中观察到星座的形式及每个星座中恒星的数量。不过，由于当时人们对星座的命名和归类不同于现代，所以认证工作十分困难。古埃及人从太阳和月亮运行的周期中计算日期，确定了神圣年 (sacred years) 和民用年 (civil years)，并通过观察星象修正了历法——恒星年[①] (sidereal year)。

阴历年 (lunar year) 有十二个月，每月三十天，分为三个季节，每个季节有四个月，即一百二十天。季节和人们的生产、生活息息相关。埃及的地理位置特殊 (南北狭长)，季节分明；新月 (new moon) 接近夏至 (Summer Solstice) 时会"洪水泛滥"；人们冬天播种，春天收获。

---

① 等于365天6小时又10分钟。——译者注

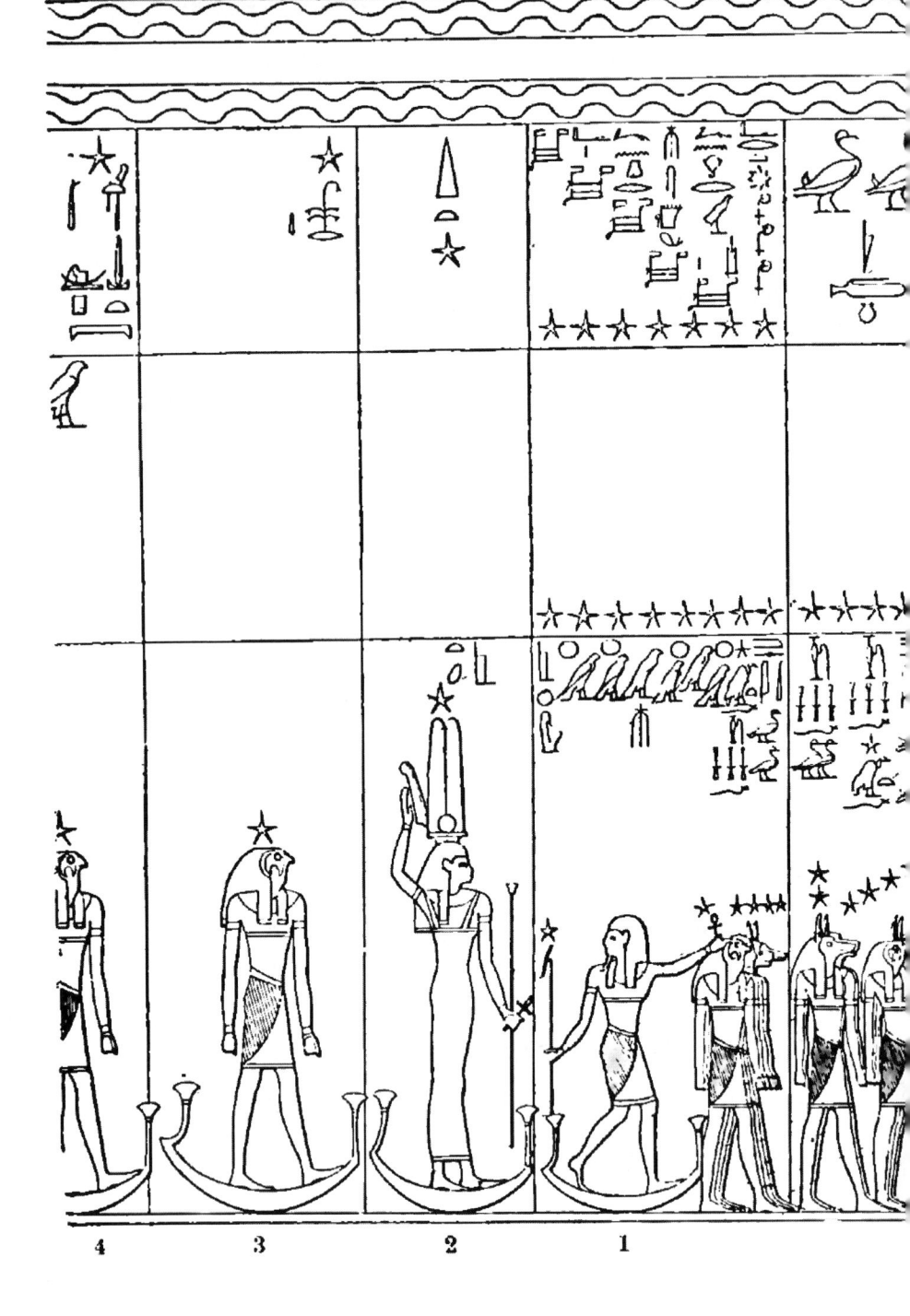

图125 星图，出自塞提一世的墓穴。1.猎户座；2.天狼星（Sirius）；3和4.行星

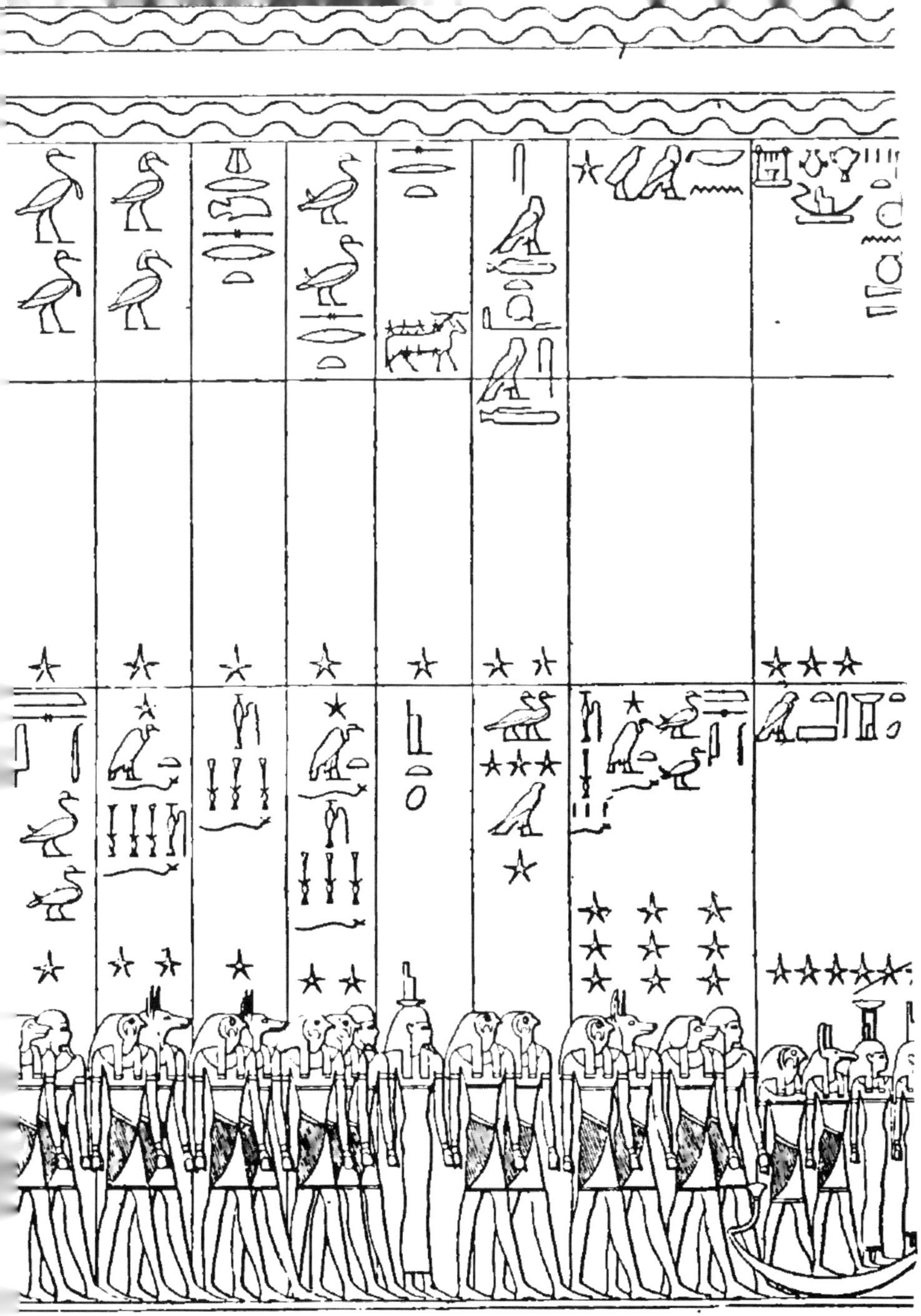

月份的多少并不十分关键,官方用数字表示。例如,古埃及人认为洪水发生在1月或2月。当然,阴历年与阳历年(solar year)运转并不完全一致。所以天文学家设置了五个闰日,称它们为"一年中多余的五天"。

现在人们仍然使用这种月份的名称,只是在形式上稍做改变,这些名称比阿拉伯语名称更受欢迎。下表列出了科普特语(Coptic)和古埃及语的月份名称;该表很有趣,因为它至少表明还有一些古语在用。

	古埃及语	正式编号(Official Number)	科普特语
第一个季节(1st Season):洪水季(The Inundation)	Tahuti	1	Toot
	Paopi	2	Babeh
	Hathor	3	Hatoor
	Khoiak	4	Keeak
第二个季节(2nd Season):播种季(Sowing)	Tobi	1	Toobeh
	Mechir	2	Imsheer
	Phamenoth	3	Baramhat
	Pharmuthi	4	Baramudeh
第三个季节(3rd Season):收获季(Harvest)	Pachons	1	Beshens
	Paoni	2	Baooneh
	Epiphi	3	Ebib
	Mesore	4	Mesorcc

如果这一年是神圣年,法老必须进行庄严的宣誓,"这

一年虽然没有设置闰月或闰日，但神圣年应该像古代那样保留下来"[①]。

记录神圣年是很有必要的，人们可以通过记录对比神圣年和恒星年的差异。然而，这一年短了四分之一天，因此和支配季节的固定年(fixed year which governed the seasons)相比，四年后就会出现少一天的移动年(movable year)。换言之，塔胡提的第一天(即新年)会提早一天到来；随着时间的推移，这种差异逐渐增大，而在4×7=28年之后就会提早一周。月份在固定的季节里循环！古埃及人解决问题的办法为我们的校对方法提供了基础，唯一的区别在于他们的方法更精确、更科学。我们的月份长度是不一样的，我们在一年当中最短的一个月(即二月)末减少一个奇数的日子，并将这一年称为"闰年"(Leap Year)。他们却是在每四年末增加一天，这样一来，那年的神圣日就成了六天，而不是原来的五天。根据反向推算法得出数据，天狼星年(Sothic year)的天数为三百六十五又四分之一天，这是根据天狼星偕日升(heliacal rising)计算出来的。人们提前确定好观测位置，一年之中有一天天狼星会在太阳升起之前出现在地平线上，这一现象被称为"天狼

[①] 引自菲古卢斯(Figulus)的作品。——原注

星偕日升"。埃及人将天狼星视为"第二个太阳",它是天空中最璀璨的星星,因为它在黎明前升起,肉眼能见到它的时间为四分钟,然后它就消失在太阳升起的光芒之中。与天狼星年相比,民用年的运转更有规律,月份随着季节的变化而变化。古埃及人知道,在适当的时候,天狼星年与自然年(natural year)的时间会重新一致,这个时间需要1460个天狼星年,被称为"天狼星周期"。1460个天狼星年相当于1461个民用年。塔胡提的第一天不仅是民用年或可变年(variable year)的开始,同样也是固定恒星年(fixed sidereal year)和自然年的开端。这个周期见证了观测的准确性和记录周期的长度。它对我们极有价值,使我们能够追溯历史、推算王朝和法老在位的时间,因为第一个天狼星周期始于139年7月21日。

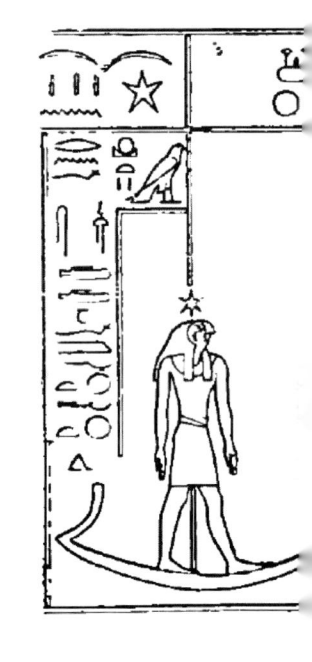

当时的埃及人似乎已经掌握了昼夜平分点的岁差[①](Precession),岁差以地轴(axis of the earth)绕着黄道(ecliptic)上固定

---

① 地轴运动引起春分点以每年50.2秒的速度向西缓慢运行而使回归年比恒星年短的现象。——译者注

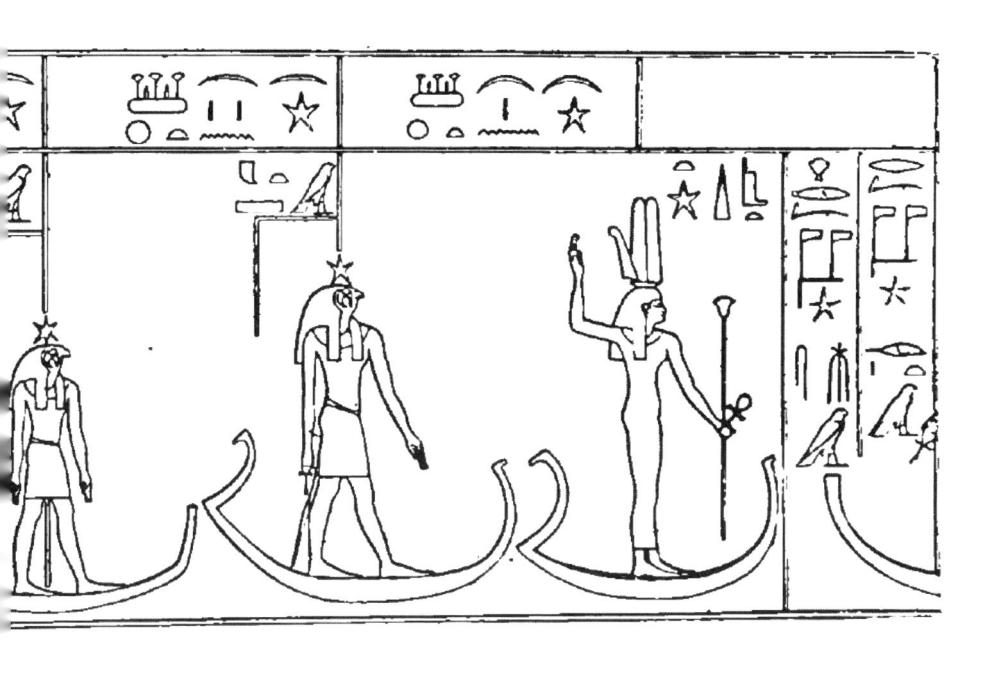

图126 天狼星（Sirius），紧接着是荷鲁斯（Horus）（荷鲁斯被认为是保护君主的神，多用鹰头人来表示，他以不同的面貌出现：在伊西斯和俄赛里斯的神话中，他是后者的遗腹子。父亲被谋杀后，他为之复仇）三行星，它们大概是土星、火星和木星，各自站在自己的船上（出自底比斯的拉美西斯二世神庙）

天极（immovable celestial Pole）的运行来度量。这条轴线是倾斜的，绕轴线的中心旋转一圈需要25867年！这条轴线自始至终都指着北极，如果附近有颗星，这颗星就成为北极星（Pole Star）。因此，随着时间的推移，北极星也在不断变化。

地平线上的星座有36个，它们由负责监管每一天的神掌管。这些星座在天狼座或猎户座的引领下绕着天空运行，10天为一个旋转周期。

当时使用的黄道星座（zodiacal constellations）和现在不尽相同，例如牛之腰（Haunch of the Bull）（后来简称为"牛"）与金牛座（Taurus）没有任何关系，反倒同大熊星座有关。当时人们认为河马座（Hippopotamus）等同于天龙座（Draco），它绕着黄道的极点旋转。事实很可能就是如此，因为在有些星图中，河马拿着拴在金牛腿上的锁链，这生动地体现了拱极星[①]（circumpolar）的旋转。

古埃及人注意到了地球绕着太阳运转。当时流传着这两种说法："地球运转"和"谁绕着地球运转"。

土星（Saturn）是"横跨天空的西方之星"，受控于荷鲁斯；不仅如此，土星也是荷鲁斯的"卡"（Ka）和灵魂。

---

① 拱极星是位于赤道坐标系统天极附近的恒星。——译者注

木星（Jupiter）被称为"南方之星"，目前还不知道关于木星的神。

火星（Mars）是"东方之星"，也是"逆行的行星"。事实的确如此，火星逆行的轨迹十分明显。

金星（Venus）是"指引着欧西里斯的不死鸟的船之星"（Star of the ship），也是"掌管清晨和夜晚的神"。欧西里斯①（Osiris）掌管金星。

水星（Mercury）是赛特之星（star of Set）。

古埃及人将昼和夜都设置为12个小时，人们无法得知他们是怎么衡量的。不过，我们知道，在测量中，祭司拿着"时间测量仪和棕榈树枝"。最初，测量时间的仪器可能是沙漏或者水钟，后来是漏壶，据说漏壶是从亚历山大引进的。棕榈树枝是锯齿形状的，用来计算较长的时间间隔。

古埃及人掌握了春分和秋分，塔胡提掌管春分和秋分的平衡，并且负责月亮的阴晴圆缺。月亮有不同的名字，如"太阳神之眼""彩绘的太阳之眼"等，这些名字都暗示月亮的光来自太阳。

---

① 古埃及神话中的冥王，也是植物之神、农业之神和丰饶之神。他生前是一位开明的法老，被自己的弟弟沙漠之神赛特用计杀死，之后被阿努比斯做成木乃伊而复活，成为冥界的主宰和死亡判官。他是冥界之王，执行人死后是否可得到永生的审判。——译者注

古埃及人的研究也涉及二至点①(solstices)，埃及神庙的朝向是在二至点研究基础上建成的；有的神庙朝向则是按照二分日(equinoxes)或者北极星确定的。位置朝向及在金字塔建设中展现的各种知识都是他们天文发现的有力证据。

埃及人在描绘各种占星图、星图和星座时表现出的手法异彩纷呈、诗情画意。星星和星座被描绘成站立在船上的神，他们在神圣的尼罗河上航行，穿越深邃的蓝色太空。

---

① 天文学术语，也称至点。——译者注

第10章

政府与法律

Government and Laws

"法老的正义之殿,
　通向美好之门,
以践行真理为乐。"

———

埃及是颇受神眷顾的国家，埃及一定是天国中的埃及在大地上的投射；同样，尼罗河也是天国中的尼罗河在大地上的投射。埃及人是由太阳神拉(Ra)创造的、带有神性的民族。众神化身为人，统治了这片土地长达数千年；随后是半神半人(Demigods)或英雄统治的朝代，接着是美尼斯(Manes)或祖先崇拜的时代，之后是"王"(King)统治的时代。王是神的直接后代，足以证明其神性的渊源。所以，王是生活在地球上神的代表。王的名字因太神圣而不能经常使用，因此，人们通常称之为"法老"，它的意思是"Per-aa"，即大房子、陛下或者只是某一个代名词。

法老登上王位后，会被授予几个正式头衔。

其中两个名字被封在椭圆环里，这个椭圆环表明了太阳神拉统治的区域，因此用太阳神来代表；第三个名字装在一个长方形的饰物内部，被称为"塞拉赫"[①](serekh)、旗帜或徽章(图127)。

一、荷鲁斯：这是法老的名称。这个名称总是出现在法老身后的旗帜上。

二、秃鹰(Vulture)和圣蛇(Uraeus)：秃鹰是北方政权的象征，

---

① 塞拉赫是古埃及使用的一种特殊的重要纹章。像后来的纹章一样，它包含了王室的名字。——译者注

圣蛇是南方政权的象征。所以，法老(Lord)被称为"秃鹰和圣蛇王冠之主"。

三、苏腾[①](Suten)与蝙蝠（图128）。苏腾、灯芯草(rush)是上埃及(Upper Egypt)的象征。蝙蝠、蜜蜂是下埃及(Lower Egypt)的象征。苏腾与蝙蝠为王权的象征，被封在一个长方形或椭圆形的图框之中。

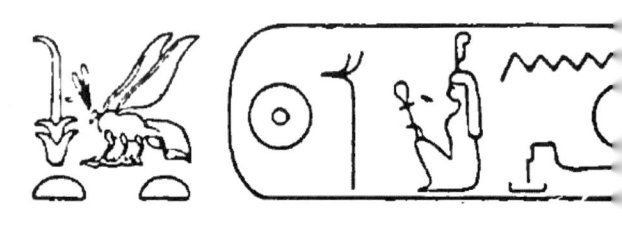

图128 苏腾与蝙蝠

四、金荷鲁斯。

五、太阳神拉的儿子之名（图129）。太阳神和他的儿子都称为"拉"。"圣蛇"是王室的象征，所有统治者都佩戴着"圣蛇"的纹章。

图127 "拉"或旗帜的名称

---

① 一种类似灯芯草的植物。——译者注

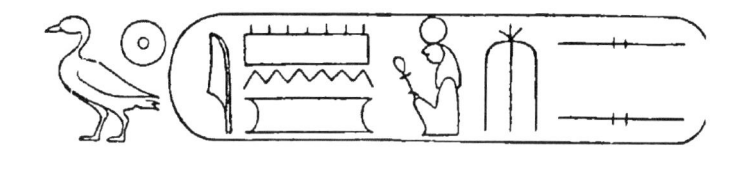

图129 太阳神

上埃及的王冠是白色的，下埃及的王冠是红色的。在史前时代，这两个王冠合在一起佩戴，形成双王冠。法老有时佩戴皇室头盔(图130)。

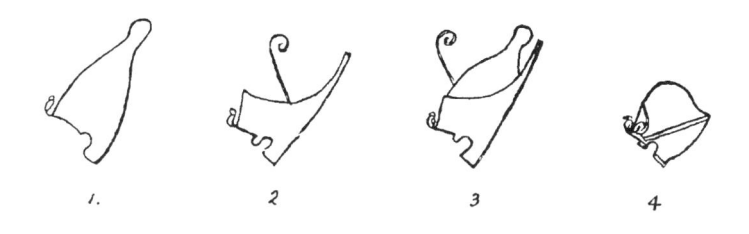

图130 1. 上埃及的白色王冠；2. 下埃及的红色王冠；3. 双王冠；4. 皇家头盔

象征王权的还有权杖和连枷(flail)。王子小时候戴着荷鲁斯锁，一侧扎着短辫(图131)，成年时仍然戴着类似于头饰的小物件，那是象征王室孩子的徽章(图132)。

图131 戴着荷鲁斯锁(Horus Lock)的孩子

图132 法老戴着一头假发，脖子上戴着象征王权的荷鲁斯锁

法老要么属于军队，要么属于祭司阶层。如果属于祭司阶层，他立刻接受神秘的教义，掌握自己应该知道的一切，以便他能执行必要的祭祀仪式，因为他还肩负着重要的宗教和管理责任。

塔胡提很早就制定了《法典》(The Code of Laws)。《法典》共八册，集合了埃及人的智慧。正是这部《法典》使埃及人在其他种族中享有盛名，但它不幸散佚了。

古埃及曾经有六个法庭。主持法庭的时候，法官脖子上戴着一条金链子，上面有真理女神玛特 (Maat) 的金色图案（图133）。很明显，三十人委员会 (Council of Thirty) 由"南方杰出人才"组成，这是一个常设机构，很可能构成"内阁"(Cabinet)。三十人委员会的每个成员都是法官，他们在六个法庭中的一个或几个法庭中旁听。南方的统治者可以进入各个法庭；他的头衔是"Privy Councillor of secret words of the six great courts"（六个法庭的秘语顾问）。

在审判过程中，法官尽可能使司法程序有条不紊地推进。为了查明违法者所犯的罪行，法官需要做很多工作。案件以书面形式陈述，被告人也陈述自己的案件，法官召集目击证人，在通盘考虑案件后，把自己的意见提交给最高法官，最高法官做出裁定。法庭上不允许求情，因为求情的

图133 乌查赫鲁(Utcha-Heru-A)的雕像,她的头上戴着安特夫王冠(Atef crown),脖子上戴着金色的项链,还戴着真理女神玛特的画像。乌查赫鲁的雕像为铜像,面具是金色的。铜像和头饰都由青金石(lapis lazuli)镶嵌而成

辩护会影响法官的判决，有损司法公正。打官司不收取任何费用，穷人和富人在法律面前一律平等。

谋杀者无论是自由人，还是奴隶，都会被判处死刑。作伪证也会被判处死刑。埃及人厌恶作伪证，认为作伪证是对神的侮辱。对于背信弃义者的惩罚是割去舌头。对造假者的惩罚是砍去右手。

图134 皇家王冠，王冠上饰以一条宽宽的金带，金带的前额和末端为蛇形饰物

整个埃及分成了若干诺姆(Nomes)，由省长(nomarchs)或世袭亲王统治。省长这一职位很重要，他有很多工作要做，因为所有内部管理事务都完全由他负责。他负责税收、管理土地分配、整修运河、监管农产品、防范饥荒、审判辖区范围内的所有案件等。所有公民(citizens)都登记在册。姓名、住

图135 一个戴着皇家头饰的人，看起来非常迷人

址和职业都须如实报告。所有组织中的工人都加入一个团体 (body)，并由一人负责高举本团体的旗帜。书吏盘问每个人，并记下他们的回答。在记录事迹时，为了提高辨识度，他还加上了对这个人的全面描述："帕默斯 (Pamouthes)，年龄大概二十四岁，中等身材，外表英俊，皮肤黝黑，光头圆脸，鼻子高挺。"

图136 监工和他的狗，后面是他的侍从（制作于第四王朝）

好总督(governor)深受民众爱戴。这里有对一位总督的最好记录：他"关爱所有人，即使老人也不例外；他相当于孩子们的养父；他是不幸的人的顾问"。他坚称"在我任期内，没有人会遭遇不幸，没有人会忍饥挨饿"。当"夜晚到来时，睡在路边的人会祝福我，他像在自己家里一样感到安全"。国家的秩序和纪律也是这样，没有犯罪活动并且每个人都感到安全。国家极度繁荣，每个人都为这位值得尊敬的总督"付出了爱"。

第11章

宗 教

Religion

"真理是伟大的,一经确立便牢不可破,从欧西里斯时代以来就是如此。"

"带着满腹至诚的爱去祈祷吧!"

————

埃及人对宗教非常虔诚。他们认为周围的一切都具有神性；神主宰着世间万物：鸟类、爬虫类、动物和植物都充满神性。他们视神为多元统一体，世间万物都注入了神之灵，因此，大自然之力和自然元素也具有神性，并人格化为天、地、气、水之精灵 (Elementals)。神的属性和功能也具像化了，有时以人的形式出现，有时以动物的形式出现。当时，这成为神的特殊属性的表现，即"神的居所"(abode of the God)——一种神圣力量的象征。所以，各种各样的神应运而生。人们一开始对此很困惑。为了理解这一主题，就需要将古埃及的宗教与其他国家的宗教进行比较，不仅需要了解古埃及宗教的过去，还需要知道它的现在。人们认为许多不重要的神类似于天使 (angels) 和天使长 (archangels)，他们是人们在尘世轮回的引路人，绝不能与那些"大神"(great gods) 混为一谈。很多"灵"(deities) 只是"神"(God) 的不同外在形式。

进化的阶梯井然有序，每一阶梯的位置都对应相应的物种：底层是动物王国和自然界；人类居于中间；人类之上是天使和信使 (messengers)；再高一级是更伟大的存在——宇宙众神 (cosmic gods)；众神之上，是"唯一神"(God One Alone)，"唯一神"之外是未显现的不可见之神。

因此，埃及从一开始就流行典型的多神论，但随之而来的是定义明确和表达清晰的一神论。请记住，这是世界上已知的、最古老的一神论。

至高神①(Supreme)先于万物而存在。作为不朽、神秘、无穷、永恒的独立个体，他是天与地、神与人及万事万物的创造者。这就是人们对全能神(Almighty)崇高观念的解读。但全能神的存在形式和属性多种多样，有的化形后披上了神秘的外衣，在现代人看来，这简直不可思议。神庙里的壁画把全能神描绘成鹰头或狮子头等形状。

在西方，人被认为是由身体、灵魂和精神构成的。而在古埃及，人们对自我的剖析更细致。

人的肉体被称为"卡特"(Khat)；死后，尸体会被制成木乃伊。

"凯黑特"(Khaihit)一般被译为"影子"。但很明显，这个词并非指一般意义上的影子。凯黑特附在尸体上，可以在

---

① 至高神，即下文的全能神。是埃及神系统的至尊。一些学者认为，它诞生了埃及的诸神，即九柱神：（一）拉，太阳神；（二）泰芙努特，雨神，拉的女儿，盖布和努特的母亲；（三）舒，风神，拉的儿子，泰芙努特的丈夫；（四）努特，天空女神，生下欧西里斯、赛特、伊西斯、奈芙蒂斯；（五）盖布，大地之神，努特的丈夫；（六）伊西斯，死者的守护神，生育之神；（七）欧西里斯，冥王，农业之神，艾西斯的丈夫；（八）奈芙蒂斯，死者的守护神；（九）赛特，干旱之神，风暴之神，奈芙蒂斯的丈夫。——译者注

坟墓附近徘徊。它由物质组成，虽然不是肉身，却具有人的外貌，可以从食物中获得营养。它似乎是一种缥缈的替身，或者是人的魂魄。

卡的作用非常重要。它住在天国。人活着的时候，它保护着人，人死了后，它又"回到他(她)的身边"。它可以在人死后出现并四处游荡，也可以住在雕像里。确切地讲，它就是一个人的再现，跟人没有两样。人们根本不知道如何解释它。"替身"是通俗意义上的说法。它的性格鲜明，它或许就是现代人所谓的魂魄。卡还具备神智，可以交谈、辩论、下棋等。

萨胡 (Sahu) 是灵体，灵体里寄宿着两个更高级的灵——魂 (Soul) 与闪灵 (shining Spirit)。魂与闪灵对应于灵体的"名" (Name) 和"力" (Power)。人的肉体死亡后，魂与闪灵共同形成了人的灵体。

巴 (Ba) 是人的魂。

库 (Khu) 是最高级的灵魂——"闪灵"。"哦，成为我引以为荣的闪灵吧！哦，欧西里斯，成为我神圣的灵魂吧！"

除了这六个重要的概念，人类还有其他一些重要的特性或潜力。

阿布 (Ab)，即心，在很多诗歌中，这个词的意思是"良心";在一些情况下,它的意思是"心愿"。"心愿"似乎更能准确地表达其内涵。心也是世间万物存在的必要条件——"我心故我在",亘古不变。此外,"我的变形之心"指古埃及人对灵魂转世、重生的坚定信仰。

塞克姆(Sekhem)指灵气,它是一种"力量"——一种神圣的属性;闪灵被赋予这种灵气后,就会变得"不可抗拒"。

壬(Ren)就是"名",一个人的真名能代表他的本质,某种程度上就是他的本体。如果知道了一个人或神的真名,就会获得超过此人或神的力量。因此,人们采取了许多预防措施来保护"壬"不被泄露。

古埃及人从未幻想肉身复活。许多诗歌中有这样的记载,"你的灵魂在天上,而你的肉身在凡间",或者"我腐烂的肉体在坟墓里"。制作木乃伊的习俗不是因为他们想再次利用同一具遗体,而似乎是同某种魔法仪式联系起来;木乃伊一旦形成,"替身"便可以从其中获得所需的物质,以便人死后在凡间显现。

另一个世界叫图阿特(Tuat),即冥界。所有人死后都去了那里。未出生的人及已来到尘世的人的灵魂也可以去那里。事实上,对死者、生者和即将出生者来说,冥界都是来去自由的。

冥界分为许多不同的部门。居住在冥界的灵魂的待遇显然是论资排辈。男神们和女神们在各个部门履行着不同的职责。

有的冥界之神负责向太阳神拉祷告,有的负责照看灵魂,确保他们回到躯壳,再次灵体合一。毁灭之力(Powers of destruction)也住在冥界,因为"罪犯们被囚禁在太阳神的宫殿里"[1],接受应有的惩罚。太阳神的敌人和欧西里斯的敌人(很明显都不是人类)注定会迎接其悲惨的命运;宫殿里有恐怖的深渊、熊熊的烈火及堆积如山的尸骸。

神"审视那些被指定要毁灭的灵魂,并摧毁那些必须被毁灭的灵魂",规定了生活在冥界的人的年限及生活在天堂的人的年限。太阳神"赞美那些在尘世说真话的人",他忠诚的仆人们"恢复了青春,在人间获得了新生"。

(除了冥界和天堂)还有一个地方叫"真理之殿",也就是审判现场。死者被带到欧西里斯和审判天平前,"这样他就与所犯的一切罪分开了"。他的心置于天平之上——"哦,他对我说了真话,也说了假话,请记住,这是塔胡提在判断真话与假话。"塔胡提站在天平旁,称重后向众神说:"他的灵

---

[1] 莱弗比尔(Lefebure),《过去的记录》(Records of the Past),第10卷。——原注

魂为他做了见证。经过大天平称重后，他的灵魂是真的。他没有任何恶行。"吞噬怪兽本来也坐在天平旁边，这时走开了。然而，死者必须让四十二个神满意。他依次对每个神做的陈述被称为"否定辩护"（Negative Confession）。

死者否认自己犯了各种罪行，当然，有些罪行显而易见，如撒谎、谋杀等；另外一些则很有趣，一些更加微不足道的恶行也被认为是犯罪，如"我没有让任何人哭泣""我

图137 审判天平在审判死者。2. 亚尼（Ani）与素素（Thuthu）进入审判之殿；3. 死神阿努比斯（Anubis）在天平两端分别放上亚尼的心脏和真理之羽（Feather of Truth）；4. 塔胡提记录称重的结果；5. 不义的吞噬者（Devourer of the Unjustified）在等待结果，如果一切顺利，他就会离开

没有给别人造成痛苦""我没有争名逐利""我没有趾高气扬";还有几个类似的条款,表明人在见到神之前必须清除心中的一切罪。

一些著作中对神秘的"另一个世界"的描述极其模糊,但这些描述给人的印象是一个秘密的仪式。要想进入另一

图138 1.荷鲁斯把亚尼介绍给欧西里斯;2.亚尼向欧西里斯跪拜,把祭品放在他的脚下,为自己辩护;3.欧西里斯神庙是火神庙,坐落在溪流之上。神庙的拱顶上是乌拉西(urasi)。伊西斯(古埃及主管生育和繁殖的女神,冥神欧西里斯的妻子,太阳神荷鲁斯的母亲)和奈芙蒂斯(Nephthys)(埃及神话中死者的守护神,同时也是生育之神。她是九柱神之一)站在太阳神阿蒙的后面

个世界，必须经过把守严密的大门，没有正确的口令，任何人都不得进入。申请人必须知道看门人的名字，一旦被问及，就要正确回答。一切都取决于仪式是否在每一个细节上都是正确的。像所有古老的国家一样，宗教教义在神秘中达到了顶峰。因此，这些著作有可能是神秘主义启蒙教育的一部分。

关于创世有两种说法，它们略有不同，但大意一样。

最古老的神是原始物质的化身，一共八个，按男女成对排列。这里不妨提一下，古埃及女神的形象和男神一样强大，同样重要。他们在各个方面都很平等。

"宇宙之神以这种形式显现"——来自水之深渊的原始物质。他独自创造了整个世界。这种潜能通过说出"名"(Name)的强大力量，变得活跃起来。创世的过程是从"我的自我意志"和有限度的设计开始的，是有规律的、公正的和真实的。所有存在的事物都是神圣的。"我从一开始就以万物的形态显现。"首先要形成的是温度和湿度。男神"舒"(Shu)代表热、光、气、燥；女神"泰芙努特"(Tefnut)代表清凉、潮湿、雨露和水分。"舒"和"泰芙努特"是科佩拉在创世的第一阶段"倒出"的双胞胎。这个湿热的水团产生了发光的太阳蛋(egg of the sun)。但由于水蒸气的存在，它又隐匿

图139 塞提一世由荷鲁斯引见给伊西斯和欧西里斯,可能是觐见仪式

了很长一段时间[①]。接着,大地和天空出现了,天地相连,浑然一体。盖布(Geb)是大地之男神,努特(Nut)为天空之女神;他们是"舒"和"泰芙努特"的子女,在水之深渊惰性状态中被抚养长大。他们保持着"密不可分"的整体性,直到"舒"把他们分成了盖布——坚实的大地和努特——大地之上繁星点点的天空。大气之神"舒"总是待在他们之间。太阳神"拉"现在有了空间,住在天堂里统治世界,光芒万丈。

图140 某个仪式的场景:塞提一世从哈索尔女神(Goddess Hatho)(古埃及宗教中的主要女神,扮演着各种角色。她是天空之神荷鲁斯和太阳神"拉"的母亲或配偶,因此她是法老的象征性母亲)那里得到了一个项圈

---

① "Henti 时期",喻意是"逝去的时代"。——原注

有一幅图案描绘的是：努特女神——她站了起来，身上布满了星星；大地之神盖布斜躺着；大气之神舒站在坚实的大地上，位于他们之间，支撑着繁星点点的努特，而太阳神拉则驾着小船从早到晚穿行于天空。男人和女人从太阳的光线①中诞生了，然后，月亮、植物和爬虫类②诞生了。

接下来，盖布和努特结合，生出了伟大的欧西里斯、荷鲁斯、赛特③(Set)、伊西斯和奈芙蒂斯诸神。值得一提的是，这里根本没有提到星星。很明显，这里是太阳系的创造，星星被故意省略了。

几处引语就能说明整个思路。宇宙之神(The Lord of the Universe)说："我是在远古时代以科佩拉

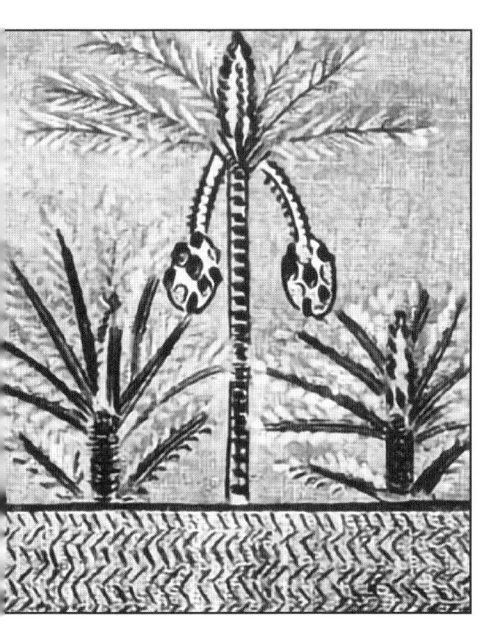

图141 书吏亚尼和他的妻子女祭司素素在棕榈树的阴影下喝着来自天堂的生命之水

---

① 经常被称为"眼泪"。——原注
② 还有一种说法是植物先于人类出现。——原注
③ 古埃及宗教中管理沙漠、风暴、混乱、暴力和外国人的神。——译者注

的形式出现的那位……来自原始物质。"另外,"强大的科佩拉创造了世间万事万物……他不为人所知,比其他神更隐秘。其'代理人'(vicar)是神圣的盘状物,他把一切源于他的事物都隐藏起来;他是火焰,发出强烈而绚烂的光芒。人们虽然可以看到他的形象……却无法理解他"。[①]

因此,神圣的圆盘被认为是神的象征,而他的"代理人"是不为人知的、未显现的、伟大的"灵"的化身。神通过创造宇宙并在其创造的宇宙中显现于世人的面前。这一概念将在阿蒙、拉及阿蒙-拉的结合中得到进一步阐释。阿蒙的意思是隐藏;"神"既不可见,也无法得知其名。他无形无影,不为人知,也不可知;其属性是统一和永恒。很少能发现对他的祈祷文,也许正是因为他无影无踪的特征吧。"嗨!阿蒙,让我向你祈祷……来吧,把你的继承人,你的肖像,我自己,安置在永恒的冥界……啊,阿蒙,阿蒙,啊,神啊,神啊,阿蒙,我崇拜你的名,求你赐予我力量,使我能够了解你;保佑我在阴间获得安宁……"附在请愿书上的标题表明,如果仪式顺利进行,祈祷的人应该在源头喝下生命之水。

---

① 《内西-康素纸莎草书》(*Papyrus of Nesi-Khonsu*),巴奇(Budge)译。——原注

阿蒙以多种形式呈现。最常见的是一个人坐在宝座上，手持权杖和象征生命的"安可"①(Ankh)，头上戴着两根独特的羽毛——阿蒙羽毛。

未显现的神以太阳神拉的形象显现出来："啊，拉，你理应得到赞美，你是开天辟地的力量，真正的科佩拉的化身。"许多精彩的赞美诗、咒语(invocations)和祈祷文的存在，表明人们对拉——这个唯一的、独立存在的神、所有存在的事物和"不存在的事物"的创造者、光和生命的给予者、今生与来世之神的伟大的爱。拉不仅是"生命之神"，更是"爱之主"、邪恶的征服者及善良和真理的保护者。

---

① 安可，又称"生命之钥"，是古埃及象形文字符号，用来代表"生命"这个词，并延伸为生命本身的象征。安可呈T形，顶部有一个水滴状的环。它在书写中被用作三个字母符号，代表三个辅音的序列。这个序列出现在几个埃及词汇中，包括"镜子"、"花束"和"生命"等词汇。这个符号经常出现在埃及艺术中，作为代表生命或相关的物质，比如空气或水的实物。在古埃及人的信仰中，生命是一种在世界范围内循环的力量。包括人类在内的生物都是这种力量的体现，并从根本上与这种力量联系在一起。生命在世界被创造的时候就存在了，像太阳的升起和落下这样的周期性现象被认为是为了维持和更新宇宙中的生命。因此，安可的形象经常被描绘成握在神的手中，意味着赋予生命的力量。古埃及人还相信，当他们死后，他们个人的生命可以像一般生命一样得到延续。由于安可代表了赋予生命的力量，在中王国结束之前，除了法老之外的人很少接受或者持有安可，尽管这个惯例后来减弱了。法老在某种程度上代表了整个埃及，所以通过给他这个符号，神赐予了整个国家生命。在艺术作品中，神将脚镣举到法老的鼻子上给他生命的气息。在古埃及肖像中，手摇扇子是空气的另一个象征，通常在法老身后拿扇子的仆人有时被拟人化、有手臂的安可取代。古埃及人的后裔科普特人把安可改造成十字；从整体上看，改造后的安可呈水滴形。——译者注

拉通常被描绘成一个长着鹰头的男人，头上戴着太阳圆盘，周围环绕着一条蛇。

当阿蒙和拉组合在一起时，最常见的形式是一个人戴着阿蒙的羽毛(图142)；有时，太阳圆盘出现在头上。头可以是人类、鹰、公羊或圣甲虫，所有这些变体都是他的力量和属性的象征。阿蒙-拉在埃及各地广受崇拜。底比斯的阿蒙-拉神庙最宏伟、最庄严。阿蒙-拉的祭司是这个国家最有权力的人。

在对阿蒙-拉的祈祷中，除了提到阿蒙-拉的外在形式之外，还提到阿蒙-拉未显现的内在属性。

"你应受到万民的敬仰，你是诸神的创造者，你创造

图142 阿蒙-拉（Amen-Ra）的金银雕像。他的头上装饰着圆盘和羽毛（制作于约前950年）

了广阔的天堂、坚实的大地。你是不倦的守望者、来世之主、永恒之父……你聆听被压迫者的祈祷，有求必应；你消除了他内心对暴力的恐惧，你在强者与弱者之间做出决断……万能的主，你集众神于一身，你是万物的创造者；

图143 阿蒙-拉与穆特的灰色花岗岩雕像（制作于约前1200年）

万能的主，你是独一无二的，一切存在的创造者。"①

阿蒙-拉的女性形象被称为"穆特"(Mut)，即宇宙之母。她通常被描绘成一个头戴王冠，或者长着长长的保护翼(protecting wings)的女人。她的象征意义几乎总是成对的：有男女王冠、成对的翅膀、男人头与女人头、秃鹰头与雌狮头等。这种成对出现的现象明显暗示着世间万物都来自她，因为她有创造雌雄的能力和繁殖的能力。铭文上称她为"天女、众神的王后穆特。她生养了众神，自己却不是任何神所生"。

在结束这个话题之前，我们必须对阿蒙霍特普四世②试图进行的宗教改革说几句。他的母亲来自外邦，这无疑影响了他的宗教观。这位法老相貌平平，体质虚弱，头脑狂热。他在古埃及国教的熏陶中长大——崇拜阿蒙。然而，他变成了一个叛教者，试图用阿托恩③(Aten)来代替至高无上的阿蒙-拉。他受到一种罕见的偏执思想的影响，像所有其他皈依者一样狂热而鲁莽。他摧毁阿蒙的神庙和穆特的神庙，

---

① 《阿蒙-拉赞歌》(Hymn to Amen-Ra)，创作于第二十王朝时期，巴奇译。——原注
② 阿蒙霍特普四世(Amenhotep IV)，古埃及第十八王朝的法老(前1353年—前1335年在位)。他是阿蒙霍特普三世之子，在位最初三年与父亲共治。他进行宗教改革，立阿托恩为新主神。——译者注
③ 在埃及神话里，阿托恩是太阳神的一种，是宇宙的创造者。——译者注

无情地破坏神像，并从铭文删除中神名(Divine Name)。他似乎走火入魔，内心充满了抹杀一切与阿蒙崇拜有关的事物的欲望。一开始治理国家就用这种手段是不吉利的。因此，他在去世五十年后被认为是"罪犯"，也就不足为奇了。

阿蒙霍特普四世把自己的名字改成了阿肯那顿，建造了新的都城——快乐的"日轮之城"①，并住在那里。"日轮之城"里的宫殿比从前的宫殿更加金碧辉煌。很明显，他只为享乐而活。一幅幅华丽的画面及无数欢乐的场景，与法老要过"简朴生活"的观点完全相悖。在这种环境下，他和他的妻子及七个女儿过着幸福的家庭生活，宣讲新的教义，而对埃及的统治却一败涂地。当时，埃及在外国的占领区非常多，一些总督感到中央政府以前的强大统治力有所削弱，便纷纷谋求独立，发动叛乱。

叙利亚和巴勒斯坦(Palestine)叛乱此起彼伏。埃及派军队镇压，但军队常常无功而返。来自这些地区的求援信使一个接一个地被匆忙派往埃及；但阿肯那顿太专注于他的新都和新的艺术形式，并没有将注意力放在国家的治理上。他总是带着他的一群女儿乘车外出游玩，或舒服地斜靠在阳台

---

① 现在的阿玛纳(Tel-el-Amarna)。——原注

上，而王后则向她的崇拜者抛撒黄金与珠宝（图144）。这比应付那些来自战场上讨厌的信使更合他的胃口。这位非同凡响的法老的不作为让埃及付出了代价——失去了叙利亚的

图144 阿肯那顿（埃及法老）与他的妻子和孩子，向崇拜者投撒金饰

所有省份！他死后，混乱和无政府状态盛行，甚至他自己的女儿也抛弃了他那狂热的宗教！几个软弱无能的法老统治

了一段时间之后,伟大的霍尔-埃伦-赫布出现了,他精力充沛,能力非凡。他用强硬的手段恢复了国内秩序,将阿蒙-拉重新确立为国家崇拜的偶像,并将宫廷迁至旧都底比斯。阿肯那顿的新都成了一片废墟。他的主张也被遗忘了!

尽管阿肯那顿的主张已被遗忘,但一些颂扬阿托恩的赞美诗还是保留了下来。阿托恩被描绘成太阳的圆盘,光线从圆盘中涌出,每条光线都终止于一只手;从这些赞美

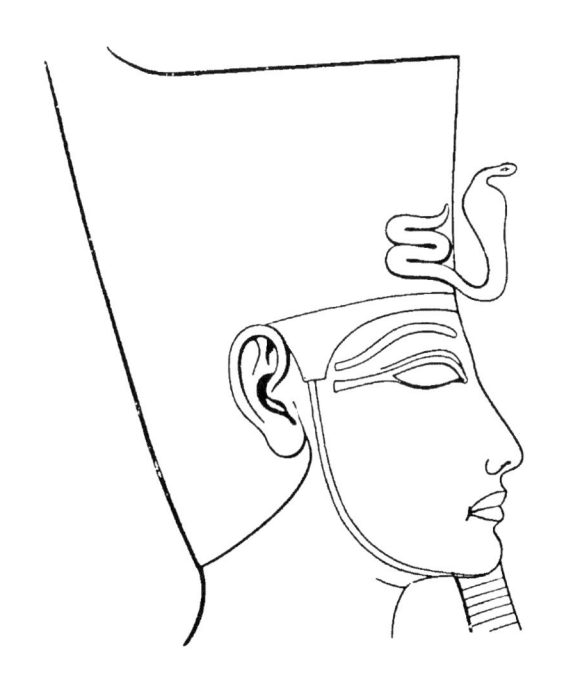

图145 霍尔-埃伦-赫布(Hor-em-heb),伟大的法老。他在阿肯那顿(前1332年—前1328年在位)灾难性的统治之后复兴了埃及

诗中可以收集到对阿托恩信仰的祈祷词。在遥远的古埃及，当时人人皆知阿托恩。它是一个大的太阳圆盘（日轮）。人们相信拉的身躯存在于日轮之中，日轮是不可见的神的可见载体。新的宗教希望用圆盘取代住在圆盘中的神，也就是说使人们崇拜载体本身而非其中存在的神。

图146 在卡纳克神庙中，身着庆典盛装的法老拉美西斯二世在卜塔神像前做出各种祭祀动作

从对大自然热爱的角度看，赞美诗中蕴含的精神还是很好的；从宗教层面来看，颂扬阿托恩的赞美诗在宣扬物质主义——认为日轮本身就是所有生命的来源，是完美的、自在的、永恒的，将生机赋予所有生命。

有人认为，这个新的宗教在尝试推行一神论。在一神论的概念中，"至高神"是一种精神，在新宗教诞生之前就已经存在，对阿托恩的崇拜不能被认为是一神论，除非不提及其他任何神。阿托恩教没有像阿蒙-拉教那样认为神是一体的。

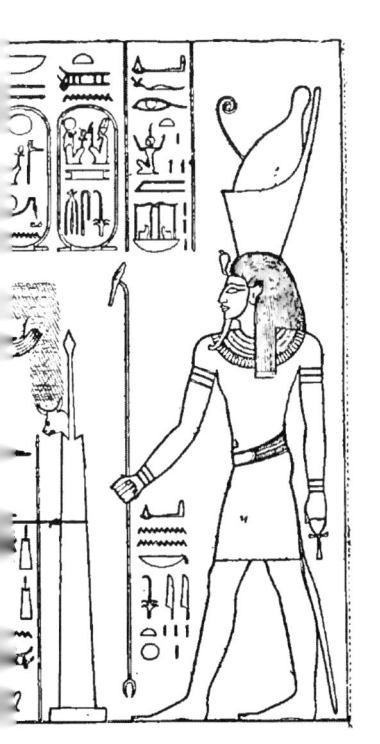

"是他（至高神）将灵魂赋予世间成百上千的形式。"以前人们是这样接受教导的。但日轮有形而无神，又怎能带给人类灵魂呢？

一起被剥夺的还有人们对灵魂不朽、死而复生及永生的信仰。人们应该信仰这样的神，应该取代远古时期就开始信仰的"活的精神"。不过，对于古埃及人来说，这一新颖的想法注定要失败。

神智(Divine Mind)被人格化了,以塔胡提或托特①(Thoth)的名字命名。希腊人称神智为"赫耳墨斯"。他也是神的旨意得以实现的"道"(Word)。

人们一般把"神智"画成人形,头上有一个朱鹭。朱鹭是他的象征。

这样有创意的头脑自然拥有神圣的属性,因此他("神智")有许多称号,如"他在天上时,是星星的主宰;他在大地时,是大地乃至世间万物的主宰"。

克莱门斯作为"书籍之王",声称自己"用双手写"了四十二本书,用法律、教育、天文学、占星术、医学和其他学科解释了宗教仪式,表达了对神的崇拜。不幸的是,这些书都丢失了。

他是象征意义上的"平衡守护者"。善与恶、光明与黑暗因他的力量而平衡。与他相对应的是一位女神——玛特女神,或称真理女神(Truth)。玛特真正的意思是"正直无邪",但从象征意义上看,她意味着正义凛然和刚正不阿。

卜塔指形式的给予者或塑造者,他是抽象的"神智"的补充。他是伟大的建筑家和雕塑家。他需要把塔胡提的所

---

① 埃及神话中的月亮、智慧和学识之神,各门科学的保护神及太阳神的信使。——译者注

有构想表现出来，首先"塑造自己的身体"，然后创造了天和地。

在冥界，卜塔的存在是有必要的，因为他是冥界诸神的塑形者。就像在人间需要肉身一样，那里的神也需要外形。

卜塔总是被雕刻成木乃伊的形象，他站在玛特的标志上。这个标志是一根腕尺，或者一把凿子，象征着真理和公正。

孟菲斯的卜塔神庙被称为"卜塔之家"(The Abode of the Ka of Ptah)。希腊人把这几个字改成"Ae-gy-ptos"。大祭司(High Pries)是"艺术家的领袖"，而祭司(priesthood)是"这个国家的首席艺术家"。在所有著名的祭司中，我们必须提到哈伊姆-乌斯特(Kha-em-Uast)（图147和图107）。他是拉美西斯二世优秀的儿子，也是继承人。不幸的是，他卓越的事业因父亲的驾崩戛然而止。许多王室成员(princes)认为

图147　哈伊姆-乌斯特和他妻子的雕像(制作于约前1300年)

侍奉这位神(哈伊姆-乌斯特)是一种荣耀，因为他是伟大的建筑师和设计师，是整个世界和人类的建筑师和设计师。

尽管古埃及人非常崇敬造物主，即万物之父，但他们对永生的希望也寄托于欧西里斯。对于他与伊西斯(神母)，人们内心充满了爱与崇敬。

欧西里斯出生时，人们听到一个神秘的声音大声宣布："世界之主来了。"

作为神王，伊西斯和欧西里斯登上了埃及的宝座。他们的神性和人性几乎不可能分开。他们都是完美的典范。欧西里斯是神，是神圣的法老，是丈夫和父亲；伊西斯是女神，是神圣的王后，是妻子和母亲；他们一起组成了人神二元性的化身。欧西里斯是完美的人与神，他是最重要的中间人(Mediator)；因为他能死而复生，而每个古埃及人都希望自己也能如此。他是神，也是永生之主。伊西斯是女神，是众神之母，也是世人今生和来世生命的赐予者。

在自己的国土上传授了文明的艺术(arts of civilization)之后，欧西里斯出发了；"他征服了亚洲，让整个世界充满文明……"他用口才和音乐赢得了所有人的心。在他离开期间，伊西斯统治并守护着古埃及，使王位不被他的兄弟赛特篡夺。

欧西里斯完成向世界传播文明的大业后又回到了自己的王国；在庆祝欧西里斯回国的盛大节日期间，赛特用诡计完成了自己在战争期间未能完成的任务(篡位)。在一场皇家宴会上，赛特谋杀了欧西里斯，然后将其分尸。

在这里，无论是人还是神，死亡和出生时是一样的，很难将人和神区分开，也很难将人因背信弃义的死亡同神的象征性死亡区分开。

赛特定做了一个华丽的箱子，其大小和欧西里斯的身体一样。在宴会上，他答应把箱子送给合适的人。人们一个接一个地尝试自己能否适合箱子，当欧西里斯躺进去时，密谋者一起跑过去盖上盖子，把箱子扔进了尼罗河里，箱子漂进了海里。伊西斯在这片土地上到处寻找棺材。一找到它，她就使没有生命迹象的欧西里斯复活了，然后他成为神和王来统治冥界。

这个集人与神为一体的欧西里斯受苦、死亡、复活、最后永生的故事来自古代的秘密宗教仪式关于死亡和复活的叙述。在埃及各地的欧西里斯圣地，以他的名字命名的神话里记录了他出生、死亡和复活的事迹。

欧西里斯起死回生，所以他成了重生的象征；他可以给予死者生命，因为他自己是永生的。"死者站起来看你……他们的心情平静,因为你是永恒的。"

欧西里斯总是被描绘成戴着白色王冠的木乃伊;稳定如柱是他的象征(图148、图149和图150)。

伊西斯被描绘成一个女人,头戴秃鹫头饰,或者双冠,或者她名字的象征——王座(图151)。

这位女神完美的整体形象抓住了古埃及人的心。古埃及人不断祈祷伊西斯为欧西里斯和荷鲁斯所做的一切,这样,在他们弥留之际,伊西斯也能为他们做同样的事情。

欧西里斯被残忍地杀害后,伊西斯——那个"闪亮的人"不知疲倦地找到了他;她满怀悲伤地走遍全国,直到找到他才歇息;然后她唱出了那首著名

图148 华丽的欧西里斯青铜雕像。欧西里斯的眼睛、胡子和衣领都是金子做的,头戴一顶精致的阿提夫王冠

图149 欧西里斯头戴王冠,手持权杖和连枷

的挽歌——"伊西斯之殇"。

当时,赛特统治了王国,于是伊西斯躲在三角洲的沼泽里,生下了荷鲁斯,并秘密地把他养大。

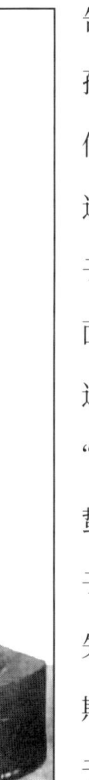

那些年,伊西斯悲伤至极。"我告诉你,因为我很孤独,所以我比任何人都要悲伤。"这是荷鲁斯被蝎子蛰死后倒在她面前时她说的话,这一刻让人难忘。"我漂亮的孩子被蛰死了,我的孩子,我的宝贝,他消失了!"随后,伊西斯向天空大喊一声,于是,"航行万年的船突然停了下来",塔胡提也出现了,"我从天空来是为了救母亲的孩子"。他说出这一充满力量的话后,

图150 木乃伊型的欧西里斯的青铜雕像,他手持权杖和连枷,头戴阿提夫王冠

51 伊西斯的玄武岩雕像,她头上一对角。角之间是日轮。她的右着生命的象征——"安可"

荷鲁斯复活了。

荷鲁斯长大后,"他的手臂变得强壮"。他与赛特战斗,经过重重困难,打败了敌人,成为欧西里斯的继承人。

赛特从来不代表人性。欧西里斯是善的化身,赛特是恶的化身;在这个象征性的故事中,我们看到了两者之间

图152 伊西斯的绿色玄武岩雕像。伊西斯用翅膀保护欧西里斯-恩-妮弗(Osiris-Un-Nefer)(制作于前300年)

永恒的战斗，而善最终会战胜恶。

荷鲁斯总是以年轻的形象出现。和他

图153 亚尼和素素在伊西斯和欧西里斯的神庙前念诵欧西里斯的祷文

的父母一样，他也是半人半神。作为神，他是"圣子"，是"世界之光"，连宇宙之主都为他的诞生而欢欣鼓舞。"人人都心花怒放、笑容满面，羡慕他的容颜。他的爱对人们来说更加珍贵。他的恩惠温暖了所有人的心灵。每个人对他的爱都是诚挚的。他们为伊西斯的儿子做了正确的事……圣洁和仁慈是他的名字……邪恶离我而去，罪恶离我而去，世界永远和平。"

图154 伊西斯哺乳婴儿荷鲁斯的青铜雕像

这就是对神秘的荷鲁斯的描述。

古埃及人用其他名字敬拜这位神——"万物之父"——几千年；他是让万民永生的神，能让人死而复生；他是圣子，而他的母亲是众神之母。

第12章

文 学

Literature

"爱文学如敬汝母,
尔当全身心待之。"

——达夫-阿赫提(Dauf-a-Kherti)

在一个艺术与自然科学的发展达到完美的文明中，如果文学落后，那的确是一件怪事。古埃及文学形式多样，内容丰富，很多著作大放异彩。大概除了戏剧，其他形式的文学都在文学史上占有一席之地。

古埃及文学的特点有二：一则行文质朴，二则言简意赅。技巧未臻大成，就追求简洁，文章干瘪无趣，而聪明的作家则会通过巧妙的修饰来刻画人物或传达情感。埃及人在表达方式和用语的选择上恰如其分，无可挑剔。例如，他们说一位仁慈的法老"抚慰了所有人的心灵"，或者说一位法官"走在正直的道路上"。寥寥数语，平易近人的法老的形象与尽职尽责的法官的形象跃然纸上，栩栩如生地呈现在我们面前。这才是真正的艺术！

这种简约风的一大优点是导致了悖论修辞手法(paradox)的大量出现；事实上，古埃及人也将悖论的修辞手法应用得出神入化。从下列例子中可见一斑。"服从者亦被服从""傻瓜……虽生犹死"。

古埃及文学除了质朴、简洁等特征，还崇尚多用短句。短句中凝练了朴素而深奥的思想。古埃及人厌恶冗长的句子，力图避免辞藻堆砌。文学创作，他们是成功的，这一点毫无疑问。而在日常生活中，古埃及人同样讨厌喋喋不休的人。啰唆不仅有失体面，还背离了古埃及人的宗教信仰；在已逝者的忏悔语录中，有这样的记载："我没有说太多的啰唆话"。

古埃及人使用修饰语可谓惜字如金，但凡使用修饰语，皆用在画龙点睛之处。他们使用的比喻很容易理解，尤其是那些出自自然界的比喻更加生动形象。熟练运用比喻意味着古埃及人拥有概括能力、思辨能力及在情感上做出适当选择的能力。

例如，将拉美西斯二世比作：

一头战无不胜的雄狮，
张开爪牙，
在羚羊群里咆哮。

一只豺狼似闪电，
在大地上奔跑，
寻找它的猎物。

描写一场著名的战役：

> 他在抓捕敌人，
>
> 如同一团烈火追逐野草，
>
> 又如天雷勾地火，
>
> 将万物化为灰烬。

当然，如果华丽的辞藻加上一大堆修辞，就会南辕北辙，读者完全不知所云。

在连续的叙事中，形象化的文字因其简单自然、尊重事实及过分夸张的特点而显得尤其突出。这当然不是因为缺乏想象力。当我们放下一部真实的传记再拿起一部小说时，我们就会发现它那张弛有度的想象力中透出优雅，它对人物的刻画细致入微，并赋予人物角色独有的生命力。

在这片伟大的土地上，几乎任意一种风格的现代小说[①]都可以找到与之相对应的文学雏形。

《生活与礼仪》(life and manners) 这部现代小说在古埃及文学中可以找到原型。它来自《西卡莫之子桑尼哈特》(Sanehat, the Son of the Sycamore)。书中讲述了主人公去叙利亚东南部贝都因部落的探险历程，记述了这个部落的风俗人情。最

---

① 根据马森教授的《英国小说家》的分类。——原注

后，在返回埃及的途中，他又把自己国家的高度文明与亚洲人的游牧生活巧妙地进行了对比。

桑尼哈特 (Sanehat) 在阿蒙涅姆哈特一世 (Amenemhat I) 去世后逃离埃及。故事中并没有说明他逃离的原因；但不知为何，法老去世的消息一传出，桑尼哈特就连夜逃往边境。他害怕被人发现，就昼伏夜行，白天"蹲在灌木丛里"。历经千辛万苦，他终于抵达了边疆的要塞。他在黑暗中悄悄地爬过关隘，到达盐湖时，觉得筋疲力尽，沉入水中，绝望地叫喊着"这就是死亡的味道"！但牛群的叫声传入了他的耳中，突然给了他勇气。他跌跌撞撞地跑到了更远的地方，遇到沙漠中的一位酋长。酋长施舍给他"水和煮好的牛奶"。牧民们都十分敬畏这个从王宫里逃出来的人，把他不断从一个部落转交给另一个部落，一直到沙漠中心地带的部落时，他才终于可以松一口气。在此住了一年半后，上埃及的特努 (Tenu) 王子邀请桑尼哈特到其领地定居。"王子拿出最好的土地和最好的财产供我挑选。我的地位将高于他的孩子，他甚至让我娶了他的大女儿。他还给了我部落亲王的头衔。"桑尼哈特回忆了他与其他部落的人交手，并且形象地讲述了他和一位特努人的英雄之间一对一的较量。显然，这位特努英雄眼红桑尼哈特突然的声名大噪。桑尼哈特讲述故事的语言虽然朴实无华，却生动而富有力量。他是这样描述这位英雄向他挑战时的场景的："他是一个勇敢的人，打败了所有的人，所向无敌。他叫嚣着：'让他(桑尼哈特)与我战斗，因为他想杀死我。'不过，这位特努人的英雄完全无法与经过在埃及专业军事训练的我匹敌。我朝他射了一箭，正中他的脖子。他哭喊着倒在地上，所有在场的贝都因人都开始大叫。我拿走了他的财物，夺走了他的牲畜；他以为他会赢我并得到我的财产，没想到却事与愿违！"

(游记中)关于一个水手在船舶失事后所发生的故事是一篇典型的游记。作为一个充满想象力的旅行小说的范本，它与现在很多传记形成了鲜明对比。

可怕的风暴袭来，开往皇家矿场的船沉没了，船上几乎所有人都葬身海底。一位英勇的水手因抓住一块木板而幸免于难，之后，一阵巨浪把他推向大海，他在大海里漂了三天，最终停留在一个孤岛上。休息过后，他开始寻找食物，向众神祈祷并献祭。祭品的魅力立竿见影，令人惊愕！"我听见一声类似雷鸣的声音，一开始以为是海中涨潮的声音。但随后，树木震动起来，大地也在震动。我露出脸看了看，发现一条蟒蛇正在向我逼近。"它的个头很大，浑身覆盖着金色的硬壳，颜色似乎是真正的天青石色(lapis lazuli)。"当我拜倒在它面前的时候，它直起身子来对我说：'谁把你带到这里的？小家伙，谁带你来的？谁把你带来的？'"然后，蟒蛇抓住水手，把他带回家，没有伤害他。

这位主人公讲述了风暴和沉船的故事。蟒蛇为他的经历所感动，给他讲述了自己的故事作为回报。"小家伙，不要害怕，不要害怕，不要愁眉苦脸！你到我这里来，就是神救了你；是神把你带到这个应有尽有、充满美好事物的卡岛（island of the kā）。"之后，蟒蛇预言，再过四个月，一定有船过来救这位水手。这个岛是蟒蛇及其所有亲人的家园，它们一共七十五条。四个月后，船来了，水手感谢了蟒蛇，许诺要送给它很多礼物和祭品。"我要把装满埃及所有财宝的大船送到这里，来与神相会，他是人类的朋友，居住在不为人知的遥远国度。"蟒蛇对此友善地笑了笑，说给自己礼物是多余的；此外，"你一离开这里，就再也见不到这个岛了，因为它会化为波浪，汇入大海之中"。蟒蛇赠给水手的乳香、没药（myrrh）、金子和象牙等礼品装满了船。水手非常感激，跪倒在地上，向蟒蛇表示敬意，蟒蛇对他说："小家伙，愿你顺利平安到家，愿你再次见到你的孩子，愿你成为你们城中的英雄，这就是我对你的真诚祝愿！"

虽然这个故事中的人物是由作者精心杜撰出来的，但他们显得如此真实：一位不轻信的主人却对水手夸张的故事信以为真；一位上知天文、下知地理的水手；一位举止高贵善良、无所不知、能够洞察人心的岛主。合上这本书后，我们感觉意犹未尽——《孤岛之主》(the lonely Lord of the Island) 已经赢得我们的爱与同情。

埃及人擅长创作充满想象力的故事，其中最著名的可能当数《魔术师的故事》(The Tales of the Magicians)，这是按照我们熟悉的《天方夜谭》(Arabian Nights) 的风格创作的系列故事。书中的角色众多，故事的朗诵者穿插其中，扮演着不同的角色。

胡夫是葬在大金字塔的法老。由于国事繁忙，他变得郁郁寡欢，便把儿子们叫来想办法让他"开心"。在卡夫拉所讲的故事中，在魔法的作用下，蜡像也具有了法力。这种奇特的方法是中世纪最常见的巫术之一。查遍文献，这是它首次在书中被提到。故事讲的是，一位作为魔法师的大臣听说妻子每晚在湖边幽会情人，便做了一个鳄鱼蜡像。鳄鱼蜡像一放进湖里，就立刻变成了真正的鳄鱼，并一口吞掉了来与妻子幽会的情人。正如关于约拿[①]的传说中那

[①] 约拿（Jonah）是《圣经》中的一位小先知，上帝要他去尼尼微传教。他没有照办并试图从海上逃跑。在暴风雨中，他被看作厄运之源，因此被扔到海里并被一条大鱼吞噬，后来他侥幸逃生，终于完成了使命。——译者注

样,情人待在鳄鱼体内,大约七天后,这位大臣才命令鳄鱼吐出这个"可怜虫"。他抚摸了一下鳄鱼,鳄鱼再次变回了蜡像。同行的法老大吃一惊,问起整件事情的经过。听完后,法老就命令鳄鱼"做该做的事"。鳄鱼一下子又活了过来,抓住那个不道德的情人游入了湖底!

在包福拉 (Baufra) 的故事中,魔术师扎扎曼克 (Zazamankh) 可以施展魔法——这是人类历史上有记载的第一次施展魔法。摩西在"出埃及"遭遇的即是如此——"水在他们的左右变成了墙"。几千年之前,扎扎曼克也曾施展过类似的魔法,那时他口念"咒语",水就分向了两边,中间露出了陆地,地上是闪闪发光的珠宝——这是一个曾划着塞奈弗鲁[①] (Seneferu) 的小船的姑娘丢失的。珠宝就这样轻松地找到了。魔术师再次念了咒语,水就恢复了原样。

霍德德夫 (Hordedef) 王子听了之前历代法老的神奇故事,便说:"我们何必去追念那些过去的神奇故事呢?魔法师德迪 (Dedi) 现在就可以展现出同样的奇迹。"然后,法老胡夫便让王子将德迪带到宫殿前。德迪是一个血气方刚、性格倔强的年轻人,但霍德德夫王子最后还是将他安全带回了宫殿。

---

① 埃及古王国时期第四王朝的开国法老。他建造了至少三座保存至今的金字塔,并在金字塔的设计和建造上进行了重大创新。——译者注

法老说:"德迪,为什么我看不到你呢?"

一位博学的老魔术师回答道:"呼唤他,他便会出现了。"然后,法老呼唤道:"看!他在这!"

德迪可以让人起死回生,甚至可以让被砍掉的头重新回到原来的脖子上。法老期待看到这一奇迹,便急忙下令带来一名罪犯。但德迪说:"法老,我的天哪!还是不要用人做实验了,我们甚至不会这样对待我们的牲畜啊!"

然后,侍从带来了一只鹅、一只鸭子和一头牛。鹅的头被砍下,身子放在大厅的一端,头放在另一端。德迪开始念咒语,它的身体和头一开始移动得很慢,后来越来越快,最后合到了一起,接着鹅站起来嘎嘎叫,就跟原来一样。因为人们看得实在不过瘾,德迪又在鸭子和牛身上展示了这个魔法。在场的人无不惊叹。

史诗本质上是为了赞美法老的丰功伟绩,其中最著名的可能是为了纪念卡叠石战役(Battle of Kadesh)中拉美西斯二世战胜赫梯人(Hittites)的诗歌。

诗歌的句子一般由对偶的诗节组成,加上频繁使用的头韵[①](Alliteration),使诗歌读起来朗朗上口,配上用手或者鼓

---

① 即两个单词或两个单词以上的首个字母相同且发音相同,形成悦耳的读音,如first and foremost(首先)、saints and sinners(圣人与罪人)。——译者注

拍打出的节奏,即使长篇诗歌也容易广为流传。

埃及人擅长写抒情诗。爱情和死亡是人生两大永恒的主题。诗中处处表现出灵感的火花,得体的表现手法令后人望尘莫及。对人心的洞察、情感深处的展露,加上诗情画意的表现手法,使这些不知名的诗人获得了不朽的桂冠。

这些杰作中有一部诗集,标题为"宛若内心深爱的姑娘,在田野里行走时,唱着美丽动听的歌"。少女以埃及的传统方式唱歌给心中所爱的那个他。

初遇那个他时,姑娘怦然心动,满心欢喜——

> 只是你鼻孔那缓缓的呼吸,
> 就让我的一颗心感到活在世上的意义。
> 我终于找到了你,
> 是上天送给我的好礼,
> 永远永远不分离。

女孩所有的心思全部放在了自己喜欢的那个男孩身上,甚至梦中都会想起。猛然之间,回过神来,她发现手中的活儿都停下了。

内心的幸福更让她对大自然产生了共情。她再也不忍心去诱捕野鸟,也不忍心剥夺鸟儿的快乐生活了。

> 野鸭四散飞开,此时,
> 它们又轻轻地落在一根树枝上,
> 呼朋引伴召引着同类;
> 不一会儿,欢快地聚集到池塘里,
> 我不忍伤害它们,当我走过它们的身旁,
> 因为爱意让人心醉。

> 野鸭在大声喊叫,吸引它的难道是什么虫;
> 但在你爱的目光中
> 我颤抖,松开了捕鸟器,
> 鸟儿飞向了高空。
> 生气的妈妈,现在我该如何面对?
> 之前的我每天都是满载而归,
> 是爱填满了我的心扉,
> 从此再不设圈套牢笼。

但在埃及,即使有芳香四溢的花园,爱情也会不幸地枯萎。日子一天天流逝,心爱的人迟迟没有来。她急切地走

到门口,紧张地站在那里,用心侧耳倾听,想听到熟悉的脚步声。脚步声确实来了,但那只是"脚步敏捷的信使"——为那个失约之人带来许多的借口。她的回复很简短,话里暗示了令人伤感的结局:

只说,你觅得了新欢!

而另一首诗则是另一种场景,男孩倾尽所爱,却只换来了女孩的不屑;他带着卑微的爱绝望地哭喊着:

啊,我若是她的守门人,
她生气地数落我时,
我该听从吗?
现在充满恐惧的我,
还要继续待在她身边吗?

在埃及的诗歌中,草木百兽都参演了生活话剧。草木百兽之间的交流自由自在,明明白白。

有一首诗,是无花果树邀请女孩带上晚餐,在树下同爱人一同享用的故事。

快来一同在花园中散步,

侍从会送来晚餐。

共享昨日与今日之花,

与这满席的鲜果。

快来与我共度这美好的节日。

朝朝暮暮,

与我共伴树下。

对所见之事,

我必不言不语,

守口如瓶。

正因对大自然和花儿永恒不变的热爱,在另一首歌中,少女编制花环时,每句诗的开头都是用花的名字。这样的奇思妙想使这些文字很难用另外一种语言表达[①]。

我们一起走过的小路很美,

因为是和你在一起。

你的手轻轻握住我的手,

---

① 下面的诗歌要体现花的名字,但由于原文是从埃及语译为英语,并未见其中花的名字。——译者注

满心欢喜尽在不言中。

你的声音使我陶醉,

听不到你的声音,

我魂不守舍。

什么是秀色可餐?

就是看你一眼,

胜过世间一切珍馐。

下面这首小诗讲述了一个令人悲伤的故事。一个原本前途无量的学生却一头扎进纵欲享乐之中。

他们告诉我,你丢下了书,

整日纸醉金迷,

如街上的游魂,

每晚身上散发的酒气,

令人敬而远之。

你的灵魂无根,

如无桨之舟,难抵彼岸;

如无龛之神,求告无门。

人生的终结是另一个令埃及诗人着迷的主题。这类诗歌通常在宴会上吟唱,并有竖琴伴奏。埃及人对待死亡的态度与现代西方观念大不相同,却与自己民族的享乐精神相当一致。生命是短暂的,所以要好好享受。宝藏和财富都不值得一提,只有幸福弥足珍贵——当然了,好名声也十分重要。

给无田的穷人带来面包,
换来万世美名。

经典作家反复说,宴会上人们常常会把木乃伊摆出来,以示警戒:

仔细看看(木乃伊),
及时行乐吧。
否则等死了之后,
(你)也会变成这样子了。

一首有多个版本的著名诗歌也证实了这句话。各版本都认为提及死亡在古埃及人心中并非是一件伤感的事,而是激励他们享受生活，把握当下。其中最古老的版本是"这首歌放置在法老安特夫的神庙里，在竖琴师弹奏竖琴之前就已完成"。

只要活着，就跟随内心吧，
头上撒上一些没药，身上穿上细麻衣，
给你的全身涂上神的奇迹。

不要让你的心装满忧愁，
直到那一日的到来，
悲恸之日，
正是心脏永远停歇之时，
再也听不到你的抱怨，
安详地躺在坟墓中，
也无法理解你的哭泣。
所以，微笑面对生活，享乐吧！
不停歇！
再也没有人能将你的东西夺走，
去了那里之后，没人会再回来。

竖琴师在祭司奈弗霍特普（Neferhotep）的葬礼上唱了一首稍有不同的曲子：

> 祭司啊，开心吧！
> 快来，芬芳环绕，
> 玛胡花（Mahu-flowers）、百合花在双臂和脖子旁，
> 心中住着你的所爱。
> 来吧，歌曲和音乐在前，
> 把所有的忧虑抛掉，只留下快乐，
> 直到你离开的那天，
> 去寂静的净土。

这些歌的内容尽管是"吃喝玩乐，尽情享受，因为明天我们就可能死去"，但还是反映出了乐观和勇气。

> 信使来带你走时，
> 要让他看到你已经准备好了！

"准备好！"就是理想的状态，因为正如另一首优美的诗告诉我们的那样，从生到死的过渡是完全自然的，是人的

灵魂所渴望实现的。

我每天都对自己说：

正如病人康复，

遭受痛苦之后才会安逸，

这就是死亡。

我每天都对自己说：

如同吸入熏香的芬芳，

如同幔子保护下的一个座位，

这就是死亡。

我每天都对自己说：

如同吸入花园里的花香，

如同陶然胜境的一席座位，

这就是死亡。

我每天都对自己说：

如同朗朗晴空，

如同张网捕雀，

突然发现自己已经身处一个陌生的地方，

这就是死亡！

"整个世界就是一个舞台",但对古埃及来说,这出戏已经落下了帷幕。最后一次帷幕落下,演员们从世界舞台上退场——却没有从我们的记忆和心中消失。

直到现在,我们也无法估量古埃及对世界的贡献。所有科学和艺术都起源于尼罗河畔,比基督诞生还早了数千年。

古埃及人确实也是这么写的:

有什么可以说的,看啊,这是新事吗?
远古已发生过,现在又在我们面前。